Lektüre zwischen den Jahren

JUGEND

AUSGEWÄHLT VON
GOTTFRIED HONNEFELDER

INSEL VERLAG

Umschlagabbildung: Pablo Picasso,
Die Liebenden

Quellenhinweise am Schluß des Bandes
Druck: Wagner GmbH, Nördlingen
Printed in Germany
ISBN 3-458-14527-3

Was ist denn eigentlich die Jugend?
Doch im Grunde nichts anderes,
als das noch gesunde und unzerknitterte,
vom kleinlichen Treiben der Welt
noch unberührte Gefühl
der ursprünglichen Freiheit
und der Unendlichkeit der Lebensaufgabe.

Joseph von Eichendorff

I
AHNUNG

Eine schöne und heitere Jugend
rechtfertigt, verteidigt und entschuldigt
ein ganzes häßliches
und böses späteres Leben.

Robert Walser

Ich möchte einer werden so wie die,
die durch die Nacht
mit wilden Pferden fahren.

Rainer Maria Rilke

Sehnsucht

Es schienen so golden die Sterne,
am Fenster ich einsam stand
und hörte aus weiter Ferne
ein Posthorn im stillen Land.
Das Herz mir im Leibe entbrennte,
da hab' ich mir heimlich gedacht:
Ach, wer da mitreisen könnte
in der prächtigen Sommernacht!

Zwei junge Gesellen gingen
vorüber am Bergeshang.
Ich hörte im Wandern sie singen
die stille Gegend entlang:
Von schwindelnden Felsenschlüften,
wo die Wälder rauschen so sacht,
von Quellen, die von den Klüften
sich stürzen in Waldesnacht.

Sie sangen von Marmorbildern,
von Gärten, die überm Gestein
in dämmernden Lauben verwildern,
Palästen im Mondenschein,
wo die Mädchen am Fenster lauschen,
wann der Lauten Klang erwacht,
und die Brunnen verschlafen rauschen
in der prächtigen Sommernacht.

JOSEPH VON EICHENDORFF

Unsere Wünsche sind Vorgefühle der Fähigkeiten, die in uns liegen, Vorboten desjenigen, was wir zu leisten imstande sein werden. Was wir können und möchten, stellt sich unserer Einbildungskraft außer uns und in der Zukunft dar; wir fühlen eine Sehnsucht nach dem, was wir schon im stillen besitzen. So verwandelt ein leidenschaftliches Vorausergreifen das wahrhaft Mögliche in ein erträumtes Wirkliche.

JOHANN WOLFGANG GOETHE

Unsere Erinnerungen, die am tiefsten uns eingeprägten nicht ausgenommen, sind an sich unbewußt. [...]

Was wir unseren Charakter nennen, beruht ja auf den Erinnerungsspuren unserer Eindrücke, und zwar sind gerade die Eindrücke, die am stärksten auf uns gewirkt hatten, die unserer ersten Jugend, solche, die fast nie bewußt werden.

SIGMUND FREUD

Stufen

Wie jede Blüte welkt und jede Jugend
Dem Alter weicht, blüht jede Lebensstufe,
Blüht jede Weisheit auch und jede Tugend
Zu ihrer Zeit und darf nicht ewig dauern.
Es muß das Herz bei jedem Lebensrufe
Bereit zum Abschied sein und Neubeginne,
Um sich in Tapferkeit und ohne Trauern
In andre, neue Bindungen zu geben.
Und jedem Anfang wohnt ein Zauber inne,
Der uns beschützt und der uns hilft zu leben.

Wir sollen heiter Raum um Raum durchschreiten,
An keinem wie an einer Heimat hängen,
Der Weltgeist will nicht fesseln uns und engen,
Er will uns Stuf' um Stufe heben, weiten.

Kaum sind wir heimisch einem Lebenskreise
Und traulich eingewohnt, so droht Erschlaffen,
Nur wer bereit zu Aufbruch ist und Reise,
Mag lähmender Gewöhnung sich entraffen.
Es wird vielleicht auch noch die Todesstunde
Uns neuen Räumen jung entgegensenden,
Des Lebens Ruf an uns wird niemals enden…
Wohlan denn, Herz, nimm Abschied und gesunde!

HERMANN HESSE

Der Mond

Das Licht, welches vom Mond herunterfließt, gilt nicht dem Schauplatz unseres Tagesdaseins. Der Umkreis, den es zweifelhaft erhellt, scheint einer Gegen- oder Nebenerde zu gehören. Sie ist nicht mehr die, der der Mond als Satellit folgt, sondern die selbst in einen Mondtrabanten verwandelte. Ihr breiter Busen, dessen Atemzug die Zeit war, rührt sich nicht mehr; endlich ist die Schöpfung heimgekehrt und darf nun wieder den Witwenschleier antun, den der Tag ihr fortgerissen hatte. Der blasse Strahl, der durch die Bretterjalousie zu mir hereindrang, gab mir das zu verstehen. Mein Schlaf fiel unruhig aus; der Mond zerschnitt ihn mit seinem Kommen und mit seinem Gehen. Wenn er im Zimmer stand und ich erwachte, so war ich ausquartiert, denn es schien niemand als ihn bei sich beherbergen zu wollen. [...]

Ganz legte sich die Angst erst, wenn ich wieder im Rücken die Matratze fühlte. Dann schlief ich ein. Das Mondlicht rückte langsam aus meiner Stube. Und oft lag sie bereits im Dunkeln, wenn ich ein zweites oder drittes Mal erwachte. Die Hand mußte als erste sich beherzen, über den Grabenrand des Schlafs zu tauchen, in dem sie Deckung vor dem Traum gefunden hatte. Und wie noch nach Gefechtsschluß einer manchmal von einem Blindgänger ereilt wird, blieb die Hand gewärtig, unterwegs verspätet einem Traum anheimzufallen. Wenn dann das Nachtlicht, flackernd, sie und mich beschwichtigt hatte, stellte sich heraus, daß von der Welt nichts mehr vorhanden war als eine einzige verstockte Frage. Mag sein, daß diese Frage in den Falten des Vorhangs saß, welcher vor meiner Tür, um die Geräusche abzuhalten, hing. Mag sein, sie war nichts als ein Rückstand vieler vergangener Nächte. Endlich mag es sein, daß sie die andere Seite des Befremdens war, das der Mond in mir verbreitet hatte. Sie lautete: warum denn etwas auf der Welt, warum die Welt sei? Mit Staunen stieß ich darauf, nichts in ihr könne mich nötigen, die Welt zu denken. Ihr Nichtsein wäre mir um keinen Deut fragwürdiger vorgekommen als ihr Sein, welches dem Nichtsein zuzublinzeln schien. Der Mond hatte ein leichtes Spiel mit diesem Sein.

Die Kindheit lag schon beinahe hinter mir, da endlich schien er gewillt, den Anspruch auf die Erde, den er sonst nur bei Nacht erhoben hatte, vor ihrem Tagesantlitz anzumelden. Hoch überm Horizont, groß, aber blaß, stand er am Himmel eines Traumes über den Straßen von Berlin. Es war noch hell. Die meinigen umgaben mich, ein wenig starr, wie auf einer Daguerreotypie. Nur meine Schwester fehlte. »Wo ist Dora?« hörte ich meine Mutter rufen. Der Mond, der voll am Himmel gestanden hatte, war plötzlich immer schneller angewachsen. Näher und näher kommend, riß er den Planeten auseinander. Das Geländer des eisernen Balkons, auf dem wir alle über der Straße Platz genommen hatten, zerfiel in Stücken, und die Leiber, die ihn bevölkert hatten, bröckelten geschwind nach allen Seiten auseinander. Der Trichter, den der Mond im Kommen bildete, sog alles in sich ein. Nichts konnte hoffen, unverwandelt durch ihn hindurchzugehen. »Wenn es jetzt Schmerz gibt, gibt es keinen Gott«, hörte ich mich erkennen, und sammelte zugleich, was ich hinübernehmen wollte. Alles tat ich in einen Vers. Er war mein Abschied. »O Stern und Blume, Geist und Kleid, Lieb, Leid und Zeit und Ewigkeit!« Jedoch, indem ich diesen Worten mich anheimzugeben suchte, war ich schon erwacht. Und nun erst schien das Grauen, mit dem eben der Mond mich überzogen hatte, sich auf ewig, trostlos, bei mir einzunisten. Denn dies Erwachen steckte nicht, wie andere, dem Traum sein Ziel, sondern verriet mir, daß es ihm entgangen und das Regiment des Mondes, welches ich als Kind erfahren hatte, für eine weitere Weltzeit gescheitert war.

WALTER BENJAMIN

Knabenalter

Man wird mir kaum glauben, wenn ich sage, über welche Dinge ich in meinem Knabenalter am liebsten und am häufigsten nachdachte – so wenig paßten sie zu meinem Alter und zu meiner Situation. Aber meiner Ansicht nach ist gerade die Diskrepanz zwischen der Situation eines Menschen und seiner moralischen Tätigkeit das zuverlässigste Kennzeichen der Wahrheit.

Während des Jahres, in dem ich ein einsames, auf mich selbst konzentriertes moralisches Leben führte, stellten sich mir bereits alle abstrakten Fragen nach der Bestimmung des Menschen, nach dem Leben nach dem Tode und nach der Unsterblichkeit der Seele, und mein schwacher kindlicher Geist bemühte sich mit der ganzen Glut der Unerfahrenheit, jene Fragen aufzuhellen, deren Aufwerfung die höchste Stufe darstellt, die der menschliche Geist erreichen kann, deren Lösung ihm jedoch nicht gegeben ist.

Mir scheint, daß der menschliche Geist bei jedem Individuum denselben Entwicklungsgang durchläuft wie bei ganzen Generationen, und daß die Gedanken, die den verschiedenen philosophischen Systemen zugrunde liegen, voneinander untrennbare Teile des Geistes sind, und daß jeder Mensch sich ihrer mehr oder minder deutlich bewußt wird, noch ehe er etwas von der Existenz philosophischer Systeme weiß.

Diese Gedanken boten sich meinem Geist mit so überraschender Klarheit dar, daß ich sogar versuchte, sie auf das Leben anzuwenden, indem ich mir einbildete, ich sei der erste, der so große und nützliche Wahrheiten entdeckt habe. So kam mir einmal der Gedanke, daß das Glück nicht von äußeren Ursachen abhängt, sondern von unserem Verhältnis zu ihnen, daß ein Mensch, der gewohnt ist, Leiden zu ertragen, nicht unglücklich sein könnte, und um mich an Mühsal zu gewöhnen, hielt ich trotz des furchtbaren Schmerzes die Lexika von Tatischtschew oft fünf Minuten lang mit ausgestreckten Armen, oder ich ging in die Bodenkammer und geißelte mir den nackten Rücken mit einem Strick, so schmerzhaft, daß mir unwillkürlich die Tränen kamen.

Ein andermal fiel mir plötzlich ein, daß der Tod mich jede Stunde, jede Minute erwartet; daher sagte ich mir – wobei ich nicht begreifen konnte, warum die Menschen das bis auf den heutigen Tag nicht begriffen hatten –, daß der Mensch nur dann glücklich sein könne, wenn er die Gegenwart genieße, ohne an die Zukunft zu denken, und unter dem Einfluß dieses Gedankens lernte ich drei Tage nichts mehr und beschäftigte mich, auf meinem Bett liegend, nur damit, zu meinem Genuß einen Roman zu lesen und Honigkuchen zu essen, die ich für mein letztes Geld gekauft hatte.

Wieder ein anderes Mal, als ich vor der Tafel stand und mit Kreide allerlei Figuren zeichnete, kam mir plötzlich der Gedanke: ›Warum ist die Symmetrie den Augen angenehm? Was ist eigentlich die Symmetrie?‹ – ›Sie ist ein angeborenes Gefühl‹, gab ich mir selbst zur Antwort. ›Worauf beruht sie? Herrscht denn in allem im Leben Symmetrie? Im Gegenteil, da ist das Leben –‹, und ich zeichnete eine ovale Figur auf die Tafel. ›Nach dem

Leben geht die Seele in die Ewigkeit hinüber – da ist die Ewigkeit‹ – und ich zog von der einen Seite des Ovals einen Strich bis an den Rand der Tafel. ›Warum ist denn auf der anderen Seite nicht auch ein solcher Strich? In der Tat, wie kann es denn eine einseitige Ewigkeit geben, wir haben gewiß schon vor diesem Leben existiert, obwohl wir die Erinnerung daran verloren haben.‹ Diese Überlegung, die mir außerordentlich neu und klar vorkam und deren logischen Zusammenhang ich jetzt nur mit Mühe wiederfinden kann, gefiel mir sehr, und ich nahm ein Blatt Papier, um sie schriftlich darzulegen, aber dabei kam mir eine solche Menge Gedanken in den Kopf, daß ich aufstehen mußte und im Zimmer auf und ab gehen. [...]

Abstrakte Gedanken entstehen vermöge der Fähigkeit des Menschen, einen Seelenzustand in einem bestimmten Augenblick mit dem Bewußtsein zu erfassen und ihn in das Gedächtnis zu übertragen. Durch meine Neigung zu abstrakten Reflexionen wurde mein Bewußtsein derart unnatürlich entwickelt, daß ich oft, wenn ich über die einfachsten Dinge nachzudenken begann, in einen ausweglosen Kreis der Analyse meiner Gedanken geriet und nicht mehr über die Frage nachdachte, die mich beschäftigte, sondern darüber, worüber ich eigentlich nachdächte. Ich fragte mich: ›Worüber denke ich nach?‹ und antwortete mir: ›Ich denke darüber nach, worüber ich nachdenke.‹ – ›Jetzt aber, worüber denke ich jetzt nach?‹ – ›Ich denke, daß ich denke, worüber ich nachdenke‹, und so weiter. Der Verstand stand mir still...

LEO N. TOLSTOI

Ich sah einst einen Knaben zart
Bei einer Seifenblase stehen;
Er lächelte nach Knaben Art
Und konnte sich nicht satt dran sehen,
Und freute sich der lieblichen Gestalt,
Und ihrer wunderschönen Farben,
Die Grün in Rot und Rot in Gelb erstarben,
Und hüpfte fröhlich auf – doch bald
Zersprang vor ihm die Wunderblase,
Und eine bittre Trän lief über seine Nase.
Der Himmel weit und breit ist ewig jung und schön,
Jenseit des Monds ist alles unvergänglich;
Die Siebenstern und ihre Brüder stehn
Jahrtausende schon, überschwenglich
In ihrer Herrlichkeit! und trotzen Tod und Sterben,
Und sagen Hui zum Verderben,
Hier unterm Mond Natur ist anders gar,
Ein brütend Saatfeld für den Tag der Garben;
Da wanket alles immerdar,
Und wandelt sich, und spielt mit Farben,
Mit Wasserblasen wunderbar.
Die armen Menschen traun –
– – –
Und raufen sich das Haar.

MATTHIAS CLAUDIUS

Der Knabe

Ich möchte einer werden so wie die,
die durch die Nacht mit wilden Pferden fahren,
mit Fackeln, die gleich aufgegangnen Haaren
in ihres Jagens großem Winde wehn.
Vorn möcht' ich stehen wie in einem Kahne,
groß und wie eine Fahne aufgerollt.
Dunkel, aber mit einem Helm von Gold,
der unruhig glänzt. Und hinter mir gereiht
zehn Männer aus derselben Dunkelheit
mit Helmen, die wie meiner unstet sind,
bald klar wie Glas, bald dunkel, alt und blind.
Und einer steht bei mir und bläst uns Raum
mit der Trompete, welche blitzt und schreit,
und bläst uns eine schwarze Einsamkeit,
durch die wir rasen wie ein rascher Traum:
die Häuser fallen hinter uns ins Knie,
die Gassen biegen sich uns schief entgegen,
die Plätze weichen aus: wir fassen sie,
und unsre Rosse rauschen wie ein Regen.

RAINER MARIA RILKE

Der Knabe und die Straßenbahn

Immer fährt so ein kleiner
rothaariger Knabe
auf dem Trittroller neben
der Straßenbahn her.

Plötzlich dreht er und fährt
in die andere Richtung
und weiß auf einmal
genau, was er tun muß,
um die Straßenbahn zu überholen,
auch wenn er bloß ein kleiner
rothaariger Knabe
auf dem Trittroller ist.

ERNST JANDL

Es war ein alter Mann, der allein in einem kleinen Boot im Golfstrom fischte, und er war jetzt vierundachtzig Tage hintereinander hinausgefahren, ohne einen Fisch zu fangen. In den ersten vierzig Tagen hatte er einen Jungen bei sich gehabt. Aber nach vierzig fischlosen Tagen hatten die Eltern des Jungen ihm gesagt, daß der alte Mann jetzt bestimmt für immer *salao* sei, was die schlimmste Form von Pechhaben ist, und der Junge war auf ihr Geheiß in einem andern Boot mitgefahren, das in der ersten Woche drei gute Fische gefangen hatte. Es machte den Jungen traurig, wenn er den alten Mann jeden Tag mit seinem leeren Boot zurückkommen sah, und er ging immer hinunter, um ihm entweder die aufgeschossenen Leinen oder den Fischhaken und die Harpune oder das Segel, das um den Mast geschlagen war, hinauftragen zu helfen. Das Segel war mit Mehlsäcken geflickt, und zusammengerollt sah es wie die Fahne der endgültigen Niederlage aus.

Der alte Mann war dünn und hager, mit tiefen Falten im Nacken. Auf den Backenknochen hatte er die braunen Flecken von harmlosem Hautkrebs, den die Sonne durch die Spiegelung auf tropischen Meeren verursacht. Die Flecken bedeckten ein gut Teil seines Gesichts, und seine Hände zeigten die tief eingekerbten Spuren vom Handhaben schwerer Fische an den Leinen. Aber keine dieser Narben war frisch. Sie waren so alt wie Erosionen in einer fischlosen Wüste.

Alles an ihm war alt bis auf die Augen, und die hatten die gleiche Farbe wie das Meer und waren heiter und unbesiegt.

»Santiago«, sagte der Junge zu ihm, als sie das Ufer emporklommen, von dem das kleine Boot heraufgezogen wurde. »Ich könnte wieder mit dir fahren. Wir haben groß verdient.«

Der alte Mann hatte dem Jungen das Fischen beigebracht, und der Junge liebte ihn.

»Nein«, sagte der alte Mann. »Du bist in einem Glücksboot. Bleib bei denen.«

»Aber erinnere dich doch, wie du siebenundachtzig Tage lang keinen Fisch gefangen hast, und dann haben wir drei Wochen lang jeden Tag große gefangen.«

»Ich erinnere mich«, sagte der alte Mann. »Ich weiß, du hast mich nicht verlassen, weil du Zweifel gehabt hast.«

»Papa wollte es durchaus. Ich bin noch ein Junge, und ich muß ihm gehorchen.«

»Ich weiß«, sagte der alte Mann. »Das ist ganz natürlich.«

»Er hat nicht viel Vertrauen.«

»Nein«, sagte der alte Mann. »Aber wir haben's, nicht wahr?«

»Ja«, sagte der Junge. »Darf ich dich in die ›Terrasse‹ zu einem Glas Bier einladen, und dann bringen wir das Zeug nach Hause.«

»Warum nicht?« sagte der alte Mann. »Unter Fischern ...«

Sie saßen in der »Terrasse«, und viele Fischer hänselten den alten Mann, aber er wurde nicht ärgerlich. Einige von den älteren Fischern blickten ihn an und waren traurig. Aber sie zeigten es nicht, und sie sprachen höflich über die Strömungen und die Tiefen, in denen sie ihre Leinen treiben ließen, und das stete gute Wetter und das, was sie gesehen hatten.

Die Fischer, die an diesem Tag Erfolg gehabt hatten, waren schon zurück und hatten ihre Marlins ausgeschlachtet und trugen sie, in voller Länge über zwei Planken gelegt, an deren Enden je zwei Männer unter der Last wankten, zur Fischhalle, wo sie auf den Eiswagen warteten, der sie auf den Markt in Havanna bringen sollte. Alle, die Haie gefangen hatten, brachten sie in die Haifischfabrik auf der anderen Seite der Bucht, wo man sie mit einem Tafelblock hochzog, ihre Lebern entfernte, ihre Flossen abschnitt und sie enthäutete und ihr Fleisch zum Einsalzen in Streifen schnitt.

Wenn der Wind von Osten stand, kam ein Gestank von der Haifischfabrik her über den Hafen, aber heute spürte man nur eine leise Andeutung von dem Geruch, weil der Wind nördlich gedreht und dann nachgelassen hatte, und es war angenehm und sonnig in der »Terrasse«.

»Santiago«, sagte der Junge.

»Ja«, sagte der alte Mann. Er hielt sein Glas in der Hand und dachte an lang vergangene Jahre.

»Kann ich rausfahren, um dir Sardinen für morgen zu holen?«

»Nein. Geh und spiel Baseball. Ich kann doch noch rudern, und Rogeglio wird das Netz auswerfen.«

»Ich möchte aber gern. Wenn ich nicht mit dir fischen kann, möchte ich dir gern auf irgendeine andere Art helfen.«

»Du hast mir ein Bier bezahlt«, sagte der alte Mann. »Du bist bereits ein Mann.«

»Wie alt war ich, als du mich zum erstenmal im Boot mitgenommen hast?«

»Fünf, und du bist beinah ums Leben gekommen, als ich den Fisch zu früh reinholte und er das Boot in Stücke fetzte. Kannst du dich daran erinnern?«

»Ich kann mich erinnern, wie der Schwanz hin und her schlug und knallte und die Ducht zerbrach, und an das Geräusch von den Keulenschlägen. Ich kann mich erinnern, wie du mich in die Vorplicht warfst, wo die nassen, aufgeschossenen Leinen lagen, und an das Gefühl, wie das ganze Boot bebte, und das Geräusch, als du mit der Keule auf ihn losschlugst, wie um einen Baum zu fällen, und an den süßlichen Blutgeruch überall an mir.«

»Kannst du dich wirklich daran erinnern, oder habe ich es dir mal erzählt?«

»Ich erinnere mich an alles, seit wir zum erstenmal zusammen rausgefahren sind.«

ERNEST HEMINGWAY

II
ZAUBER

Die Jugend ist ein Freiherr,
das spätere Leben
ein nachdenklicher Türpfostensteher;
darin liegt der ganze Unterschied.

Robert Walser

Daß der Mensch in seiner Jugend
das Ziel so nahe glaubt!
Es ist die schönste aller Täuschungen,
womit die Natur
der Schwachheit unsers Wesens aufhilft.

Friedrich Hölderlin

Das Rad an meines Vaters Mühle brauste und rauschte schon wieder recht lustig, der Schnee tröpfelte emsig vom Dache, die Sperlinge zwitscherten und tummelten sich dazwischen; ich saß auf der Türschwelle und wischte mir den Schlaf aus den Augen; mir war so recht wohl in dem warmen Sonnenscheine. Da trat der Vater aus dem Hause; er hatte schon seit Tagesanbruch in der Mühle rumort und die Schlafmütze schief auf dem Kopfe, der sagte zu mir: »Du Taugenichts! da sonnst du dich schon wieder und dehnst und reckst dir die Knochen müde und läßt mich alle Arbeit allein tun. Ich kann dich hier nicht länger füttern. Der Frühling ist vor der Tür, geh auch einmal hinaus in die Welt und erwirb dir selber dein Brot.« – »Nun«, sagte ich, »wenn ich ein Taugenichts bin, so ist's gut, so will ich in die Welt gehn und mein Glück machen.« Und eigentlich war mir das recht lieb, denn es war mir kurz vorher selber eingefallen, auf Reisen zu gehn, da ich die Goldammer, welche im Herbst und Winter immer betrübt an unserm Fenster sang: »Bauer, miet' mich, Bauer, miet' mich!«, nun in der schönen Frühlingszeit wieder ganz stolz und lustig vom Baume rufen hörte: »Bauer, behalt deinen Dienst!« – Ich ging also in das Haus hinein und holte meine Geige, die ich recht artig spielte, von der Wand, mein Vater gab mir noch einige Groschen Geld mit auf den Weg, und so schlenderte ich durch das lange Dorf hinaus.

JOSEPH VON EICHENDORFF

Wenn nur die Schülerjahre erst vorüber wären, dacht ich oft.

Guter Junge! sie sind noch lange nicht vorüber.

Daß der Mensch in seiner Jugend das Ziel so nahe glaubt! Es ist die schönste aller Täuschungen, womit die Natur der Schwachheit unsers Wesens aufhilft.

Und wenn ich oft dalag unter den Blumen und am zärtlichen Frühlingslichte mich sonnte, und hinaufsah ins heitre Blau, das die warme Erde umfing, wenn ich unter den Ulmen und Weiden, im Schoße des Berges saß, nach einem erquickenden Regen, wenn die Zweige noch bebten von den Berührungen des Himmels, und über dem tröpfelnden Walde sich goldne Wolken bewegten, oder wenn der Abendstern voll friedlichen Geistes heraufkam mit den alten Jünglingen, den übrigen Helden des Himmels, und ich so sah, wie das Leben in ihnen in ewiger müheloser Ordnung durch den Aether sich fortbewegte, und die Ruhe der Welt mich umgab und erfreute, daß ich aufmerkte und lauschte, ohne zu wissen, wie mir geschah – hast du mich lieb, guter Vater im Himmel! fragt ich dann leise, und fühlte seine Antwort so sicher und selig am Herzen.

O du, zu dem ich rief, als wärst du über den Sternen, den ich Schöpfer des Himmels nannte und der Erde, freundlich Idol meiner Kindheit, du wirst nicht zürnen, daß ich deiner vergaß! – Warum ist die Welt nicht dürftig genug, um außer ihr noch Einen zu suchen?

FRIEDRICH HÖLDERLIN

Lebensalter sind: Jugend, Mannesalter, Greisenalter, Glücksumstände: edle Geburt, Reichtum, Macht und das Gegenteil hiervon und überhaupt Glück und Unglück.

Junge Leute sind in ihrer Artung begehrlich und darauf aus, zu tun was sie begehren. Sie folgen gern den leiblichen Gelüsten und dem Liebesdrang und sind darin unbeherrscht. Sie sind in ihrem Begehren wandelbar und alsbald gesättigt, und so schnell es kommt, so schnell vergeht es wieder. Denn ihr Wollen ist hitzig, aber nicht gewichtig, wie Durst- und Hungergefühle eines Kranken. Zornmütig und heißblütig geben sie gern dem Zorn nach, ja unterliegen ihm. Denn wegen ihres Ehrgeizes ertragen sie keine Geringschätzung, sondern werden unwillig, wenn sie sich gekränkt fühlen. Sie sind auf Ehre aus oder besser auf Sieg. Denn die Jugend schwärmt für Überlegenheit, und das ist der Sieg. Und beides gilt ihnen mehr, als Geld. Geld schätzen sie ganz gering ein, weil sie Not noch nicht erfahren haben, wie es der Ausspruch des Pittakos gegen Amphiaraos besagt. Und sie sind nicht bösartig, sondern gutartig, weil sie noch nicht viele Schlechtigkeiten kennen, sie vertrauen leicht, weil sie noch nicht oft enttäuscht worden sind. Sie schwelgen in Hoffnungen, da die jungen Leute in ihrem Saft sich erwärmen wie Berauschte; zugleich auch, weil ihnen noch nicht viel fehlgeschlagen ist. Und sie leben meist von Hoffnungen, denn die Hoffnung richtet sich auf Künftiges, die Erinnerung auf Vergangenes, und der Jugend gilt das Kommende viel, das Vergangene wenig. Denn am Morgen gibt es wenig zu erinnern, aber alles zu hoffen. Aus dem genannten Grunde sind sie auch leicht zu betrügen, weil sie so gern hoffen. Auch tapferer, weil entschlossen und hoffnungsvoll, von denen das eine die Furcht verscheucht, das andere guten Mutes sein läßt. Denn im Zorn fürchtet sie niemand, hoffen aber hebt den Mut. Auch sind sie schamhaft; denn sie kennen noch nicht fremde Sterne, sondern sind nur im Gesetz erzogen. Und sind hochgemut, da sie vom Leben noch nicht geduckt wurden und den Zwang noch nicht gespürt haben; und hochgemut ist, wer sich großer Dinge versieht, was im Wesen des Hoffnungsvollen liegt. Sie entscheiden sich lieber für das Edle, als für das Nützliche, da sie mehr der Gesinnung leben, als dem Denken, und das Denken geht auf das Nützliche, die Tugend auf das Edle. Und sie suchen Freundschaft und Kameradschaft mehr, als andere Lebensalter, weil sie am Zusammenleben Freude haben und noch nichts nach dem Nutzen beurteilen, also auch nicht ihre Freunde. Und alles übertreiben sie, und darin fehlen sie, entgegen dem Worte Chilons: sie treiben alles zu hitzig, sie lieben zu sehr, hassen zu sehr und so auch sonst. Und glauben alles zu wissen und bestehen auf ihrer Meinung, was auch der Grund ihrer Übertreibungen ist. Und ihre Fehler sind Rücksichtslosigkeiten, nicht Gemeinheiten. Sie haben leicht Mitleid, weil sie noch alle für brauchbar und viel zu gut halten. Denn sie messen den Nächsten an ihrer eigenen Unverdorbenheit, so daß sie sein Leid nicht als verdient ansehen. Auch lachen sie gern und sind daher witzig. Denn Witz ist gebändigter Übermut.

Das ist die Artung der jungen Leute. Die älteren, die

die Blüte hinter sich haben, gewinnen ihre Art meist aus dem Gegenteil hiervon. Weil sie nämlich schon so viele Jahre gelebt haben und so oft betrogen worden sind und gesündigt haben, und weil die Welt meist schlecht ist, so verlassen sie sich auf nichts und betreiben alles weniger herzhaft, als man soll. Sie glauben immer, aber wissen nie, sie halten beides für möglich und fügen immer ein Vielleicht oder Ungefähr hinzu, und drücken alles nur so aus, niemals bekräftigend.

ARISTOTELES

Sebastian kam herein – taubengrauer Flanell, weißer Crêpe de Chine, eine Charvet-Krawatte, aus meinem Besitz übrigens, mit einem Briefmarkenmuster. »Charles – was geht denn bloß in deinem College vor? Ist ein Zirkus da? Außer Elefanten habe ich eigentlich alles gesehen. Ich muß sagen, Oxford ist plötzlich *höchst* sonderbar geworden. Gestern abend sind die Frauen überall aus den Mauern gewachsen. Du mußt sofort mit mir wegkommen, weg von dieser Gefahr. Ich habe ein Auto und ein Körbchen Erdbeeren und eine Flasche Château Peyraguey – das ist Wein, den du noch nie auf die Zunge bekommen hast, also spiel nicht den Kenner. Mit Erdbeeren ist er himmlisch.«

»Wohin fahren wir?«

»Einen Besuch machen.«

»Bei wem?«

»Hawkins. Nimm Geld mit, vielleicht sehen wir etwas, was wir kaufen wollen. Das Auto gehört einem Mann namens Hardcastle. Bring ihm die Trümmer zurück, wenn ich mich totfahre; ich habe nie viel getaugt beim Chauffieren.«

Hinter dem Tor, auf der anderen Seite des Wintergartens, der früher das Pförtnerhaus gewesen war, stand ein offener, zweisitziger Morris-Cowley. Am Volant saß Sebastians Teddybär. Wir nahmen ihn zwischen uns – »Gib acht, daß ihm nicht übel wird« – und fuhren ab. Die Glocken von St. Mary läuteten die neunte Stunde; wir vermieden einen Zusammenstoß mit einem weißbärtigen Geistlichen, der, einen schwarzen Strohhut auf dem Kopf, sich auf seinem Rad in aller Ruh die falsche Seite der High Street entlangbewegte, überquerten Carfax, kamen am Bahnhof vorbei und waren bald in offenem Gelände auf der Straße nach Botley; das offene Gelände war damals noch leicht zu erreichen.

»Es ist früh, nicht wahr?« rief Sebastian. »Die Frauen sind noch immer mit den Rätseldingen beschäftigt, die sie in Anspruch nehmen, bevor sie vom Schlafzimmer herunterkommen. Sie sind die Opfer ihrer Trägheit. Wir sind fort. Gott segne Hardcastle.«

»Diesen Rätselmann.«

»Er war der Meinung, er würde mitkommen. Er ist auch ein Opfer seiner Trägheit. Ich habe ihm jedenfalls gesagt, um *zehn* Uhr. Es ist ein düsterer Geselle aus meinem College. Er führt ein Doppelleben. Wenigstens nehme ich das an. Er kann doch unmöglich ununterbrochen, Tag und Nacht, immer weiter Hardcastle sein, oder? – sonst müßte er ja daran sterben. Er sagt, er kennt meinen Vater, und das ist unmöglich.«

»Warum?«

»Papa kennt kein Mensch. Er ist aus der Gesellschaft ausgestoßen. Hast du nie davon gehört?«

»Schade, daß wir beide keine Bänkelsänger sind«, sagte ich.

Bei Swindon bogen wir von der Chaussee ab, und als die Sonne höher stieg, fuhren wir inmitten von Bruchsteinmauern und Quaderwerkhäusern dahin. Gegen elf Uhr stellte Sebastian, ohne vorher etwas zu sagen, den Wagen auf einen Karrenweg und hielt an. Es war nun schon so heiß, daß wir den Schatten suchten. Auf einer von Schafen abgeweideten kleinen Anhöhe aßen wir unter einer Gruppe Ulmen die Erdbeeren und tranken den Wein dazu – wie Sebastian vorausgesagt hatte, schmeckten sie köstlich zusammen –, dann zündeten wir uns dicke türkische Zigaretten an und legten uns auf den Rücken; Sebastians Blicke gingen zu dem Laub über ihm hinauf, meine ruhten auf seinem Profil, während der blaugraue Rauch, von keinem Lüftchen abgelenkt, zu den blaugrünen Schatten des Blätterwerks emporstieg: das süße Aroma des Tabaks vermischte sich mit den würzigen Sommerdüften rings um uns, und der Geist des milden, goldenen Weins schien uns einen Finger breit hoch über das Gras zu heben und dort schwebend festzuhalten.

»Ein guter Platz dafür, eine Kruke voll Gold zu vergraben«, sagte Sebastian. »Ich möchte gern überall, wo ich glücklich war, etwas Kostbares vergraben; dann könnte ich, wenn ich einmal alt und häßlich und elend bin, zurückkommen, es wieder ausgraben und mich in die Vergangenheit zurückträumen.«

EVELYN WAUGH

Lord Henry ging hinaus in den Garten und entdeckte Dorian Gray, wie er sein Gesicht in den großen kühlen Fliederdolden vergrub und fieberhaft ihren Duft trank, als wäre er Wein. Er ging zu ihm und legte ihm die Hand auf die Schulter. »Sie haben völlig recht«, murmelte er. »Nur die Sinne können die Seele heilen, so wie nur die Seele die Sinne heilen kann.«

Der Jüngling fuhr zusammen und trat zurück. Er war barhäuptig, und die Blätter hatten seine widerspenstigen Locken in Unordnung gebracht und all ihre goldenen Fäden verwirrt. Ein Ausdruck von Furcht lag in seinen Augen, wie bei Menschen, die jäh aus dem Schlaf erwachen. Seine fein gemeißelten Nasenflügel bebten, und ein verborgener Nerv durchzuckte das Scharlachrot seiner Lippen, so daß sie zitterten.

»Ja«, fuhr Lord Henry fort, »das ist eines der großen Geheimnisse des Lebens – die Seele durch die Sinne heilen und die Sinne durch die Seele. Sie sind ein erstaunliches Geschöpf. Sie wissen mehr, als Sie zu wissen glauben, geradeso wie Sie weniger wissen, als Sie wissen müßten.«

Dorian Gray runzelte die Brauen und wandte den Kopf ab. Er konnte nicht anders, er mußte den hochgewachsenen, eleganten jungen Mann, der neben ihm stand, einfach gern haben. Sein romantisches, olivenfarbenes Gesicht und dessen verlebter Ausdruck interessierten ihn. In seiner tiefen, matten Stimme lag etwas entschieden Berückendes. Selbst seine kühlen, weißen, blumengleichen Hände waren von eigenartigem Zauber. Sie waren, wenn er sprach, in Bewegung wie Musik und schienen ihre eigene Sprache zu haben. Dennoch fürchtete er sich vor ihm und schämte sich dessen. Warum war es einem Fremden anheimgegeben, ihm sein Inneres zu offenbaren? Basil Hallward kannte er seit Monaten, aber die Freundschaft zwischen ihnen hatte ihn nicht gewandelt. Plötzlich war jemand in sein Leben getreten, der ihm augenscheinlich das Geheimnis des Lebens enthüllt hatte. Und wenn schon, was hatte er zu fürchten? Er war kein Schuljunge oder ein Mädchen. Es war lächerlich, Angst zu haben.

»Kommen Sie, wir wollen uns in den Schatten setzen«, sagte Lord Henry. »Parker hat die Getränke herausgebracht, und wenn Sie noch länger in diesem Sonnenglast bleiben, wird er Sie verwüsten, und Basil wird Sie nie wieder malen. Sie dürfen sich wirklich nicht von der Sonne verbrennen lassen. Das wäre unkleidsam.«

»Was kann das schon ausmachen?« rief Dorian Gray lachend aus und setzte sich auf die Bank am Ende des Gartens.

»Ihnen sollte es alles ausmachen, Mister Gray.«

»Warum?«

»Weil die wundervollste Jugend Ihr Besitz ist, und Jugend ist das einzige, was Wert hat.«

»So empfinde ich es nicht, Lord Henry.«

»Nein, jetzt noch nicht. Aber eines Tages, wenn Sie alt und runzlig und häßlich sind, wenn das Denken Ihre Stirn mit seinen Furchen gezeichnet und die Leidenschaft ihre furchtbare Glut in Ihre Lippen eingebrannt hat, dann werden Sie es auf erschreckende Weise empfinden. [...] Ach, nutzen Sie Ihre Jugend, solange Sie ihrer teilhaftig sind. Vergeuden Sie nicht das Gold Ihrer Tage, indem Sie den Langweiligen zuhören, die hoffnungslosen Versager zu bessern suchen oder Ihr Leben an die Dummköpfe, die Gewöhnlichen und den Pöbel wegwerfen. Das sind die ungesunden Ziele, die falschen Vorstellungen unserer Zeit. Leben Sie! Leben Sie das wundervolle Leben, das in Ihnen ist! Lassen Sie sich nichts entgehen. Suchen Sie stets nach neuen Eindrücken. Scheuen Sie vor nichts zurück... Ein neuer Hedonismus – das ist es, was unser Jahrhundert braucht. Sie könnten sein sichtbares Symbol sein. So wie Sie geschaffen sind, gibt es nichts, was Sie nicht tun könnten. Für ein Weilchen gehört Ihnen die Welt [...] In einem Monat wird die Clematis purpurne Sterne tragen, und Jahr für Jahr wird die grüne Nacht ihrer Blätter die Purpursterne enthalten. Wir jedoch kehren nie zu unserer Jugend zurück. Der Pulsschlag der Freude, der in uns pocht, wenn wir zwanzig sind, wird träge. Unsere Glieder ermatten, unsere Sinne verfaulen. Wir entarten zu abscheulichen Marionetten, verfolgt von der Erinnerung an die Leidenschaften, vor denen wir zuviel Angst hatten, und an die köstlichen Versuchungen, denen wir nicht nachgaben, weil es uns an Mut fehlte. Jugend! Jugend! Es gibt einfach nichts auf der Welt als Jugend!«

OSCAR WILDE

Die Eltern lagen schon und schliefen, die Wanduhr schlug ihren einförmigen Takt, vor den klappernden Fenstern sauste der Wind; abwechselnd wurde die Stube hell von dem Schimmer des Mondes. Der Jüngling lag unruhig auf seinem Lager, und gedachte des Fremden und seiner Erzählungen. »Nicht die Schätze sind es, die ein so unaussprechliches Verlangen in mir geweckt haben«, sagte er zu sich selbst; »fern ab liegt mir alle Habsucht: aber die blaue Blume sehn' ich mich zu erblikken. Sie liegt mir unaufhörlich im Sinn, und ich kann nichts anderes dichten und denken. So ist mir noch nie zumute gewesen: es ist, als hätt ich vorhin geträumt, oder ich wäre in eine andere Welt hinübergeschlummert; denn in der Welt, in der ich sonst lebte, wer hätte da sich um Blumen bekümmert, und gar von einer so seltsamen Leidenschaft für eine Blume hab' ich damals nie gehört. Wo eigentlich nur der Fremde herkam? Keiner von uns hat je einen ähnlichen Menschen gesehn; doch weiß ich nicht, warum nur ich von seinen Reden so ergriffen worden bin; die andern haben ja das nämliche gehört, und keinem ist so etwas begegnet. Daß ich auch nicht einmal von meinem wunderlichen Zustande reden kann! Es ist mir oft so entzückend wohl, und nur dann, wenn ich die Blume nicht recht gegenwärtig habe, befällt mich so ein tiefes, inniges Treiben: das kann und wird keiner verstehn. Ich glaubte, ich wäre wahnsinnig, wenn ich nicht so klar und hell sähe und dächte, mir ist seitdem alles viel bekannter. Ich hörte einst von alten Zeiten reden; wie da die Tiere und Bäume und Felsen mit den Menschen gesprochen hätten. Mir ist gerade so, als wollten sie allaugenblicklich anfangen, und als könnte ich es ihnen ansehen, was sie mir sagen wollten. Es muß noch viel Worte geben, die ich nicht weiß: wüßte ich mehr, so könnte ich viel besser alles begreifen. Sonst tanzte ich gern; jetzt denke ich lieber nach der Musik.« Der Jüngling verlor sich allmählich in süßen Phantasien und entschlummerte. Da träumte ihm erst von unabsehlichen Fernen, und wilden, unbekannten Gegenden. Er wanderte über Meere mit unbegreiflicher Leichtigkeit; wunderliche Tiere sah er; er lebte mit mannigfaltigen Menschen, bald im Kriege, in wildem Getümmel, in stillen Hütten. Er geriet in Gefangenschaft und die schmählichste Not. Alle Empfindungen stiegen bis zu einer niegekannten Höhe in ihm. Er durchlebte ein unendlich buntes Leben; starb und kam wieder, liebte bis zur höchsten Leidenschaft, und war dann wieder auf ewig von seiner Geliebten getrennt. Endlich gegen Morgen, wie draußen die Dämmerung anbrach, wurde es stiller in seiner Seele, klarer und bleibender wurden die Bilder. Es kam ihm vor, als ginge er in einem dunkeln Walde allein. Nur selten schimmerte der Tag durch das grüne Netz. Bald kam er vor eine Felsenschlucht, die bergan stieg. Er mußte über bemooste Steine klettern, die ein ehemaliger Strom herunter gerissen hatte. Je höher er kam, desto lichter wurde der Wald. Endlich gelangte er zu einer kleinen Wiese, die am Hange des Berges lag. Hinter der Wiese erhob sich eine hohe Klippe, an deren Fuß er eine Öffnung erblickte, die der Anfang eines in den Felsen gehauenen Ganges zu sein schien. Der Gang führte ihn gemächlich eine Zeitlang eben fort, bis zu einer großen

Weitung, aus der ihm schon von fern ein helles Licht entgegen glänzte. Wie er hineintrat, ward er einen mächtigen Strahl gewahr, der wie aus einem Springquell bis an die Decke des Gewölbes stieg, und oben in unzählige Funken zerstäubte, die sich unten in einem großen Bekken sammelten; der Strahl glänzte wie entzündetes Gold; nicht das mindeste Geräusch war zu hören, eine heilige Stille umgab das herrliche Schauspiel. Er näherte sich dem Becken, das mit unendlichen Farben wogte und zitterte. Die Wände der Höhle waren mit dieser Flüssigkeit überzogen, die nicht heiß, sondern kühl war, und an den Wänden nur ein mattes, bläuliches Licht von sich warf. Er tauchte seine Hand in das Becken und benetzte seine Lippen. Es war, als durchdränge ihn ein geistiger Hauch, und er fühlte sich innigst gestärkt und erfrischt. Ein unwiderstehliches Verlangen ergriff ihn sich zu baden, er entkleidete sich und stieg in das Becken. Es dünkte ihn, als umflösse ihn eine Wolke des Abendrots; eine himmlische Empfindung überströmte sein Inneres; mit inniger Wollust strebten unzählbare Gedanken in ihm sich zu vermischen; neue, niegesehene Bilder entstanden, die auch ineinanderflossen und zu sichtbaren Wesen um ihn wurden, und jede Welle des lieblichen Elements schmiegte sich wie ein zarter Busen an ihn. Die Flut schien eine Auflösung reizender Mädchen, die an dem Jünglinge sich augenblicklich verkörperten.

Berauscht von Entzücken und doch jedes Eindrucks bewußt, schwamm er gemach dem leuchtenden Strome nach, der aus dem Becken in den Felsen hineinfloß. Eine Art von süßem Schlummer befiel ihn, in welchem er unbeschreibliche Begebenheiten träumte, und woraus ihn eine andere Erleuchtung weckte. Er fand sich auf einem weichen Rasen am Rande einer Quelle, die in die Luft hinausquoll und sich darin zu verzehren schien. Dunkelblaue Felsen mit bunten Adern erhoben sich in einiger Entfernung; das Tageslicht, das ihn umgab, war heller und milder als das gewöhnliche, der Himmel war schwarzblau und völlig rein. Was ihn aber mit voller Macht anzog, war eine hohe lichtblaue Blume, die zunächst an der Quelle stand, und ihn mit ihren breiten, glänzenden Blättern berührte. Rund um sie her standen unzählige Blumen von allen Farben, und der köstliche Geruch erfüllte die Luft. Er sah nichts als die blaue Blume, und betrachtete sie lange mit unnennbarer Zärtlichkeit. Endlich wollte er sich ihr nähern, als sie auf einmal sich zu bewegen und zu verändern anfing; die Blätter wurden glänzender und schmiegten sich an den wachsenden Stengel, die Blume neigte sich nach ihm zu, und die Blütenblätter zeigten einen blauen ausgebreiteten Kragen, in welchem ein zartes Gesicht schwebte. Sein süßes Staunen wuchs mit der sonderbaren Verwandlung, als ihn plötzlich die Stimme seiner Mutter weckte, und er sich in der elterlichen Stube fand, die schon die Morgensonne vergoldete. Er war zu entzückt, um unwillig über diese Störung zu sein; vielmehr bot er seiner Mutter freundlich guten Morgen und erwiderte ihre herzliche Umarmung.

NOVALIS

Aufbruch der Jugend

Die flammenden Gärten des Sommers, Winde, tief
und voll Samen,
Wolken, dunkel gebogen, und Häuser, zerschnitten vom
Licht.
Müdigkeiten, die aus verwüsteten Nächten über uns
kamen,
Köstlich gepflegte, verwelkten wie Blumen, die man sich
bricht.

Also zu neuen Tagen erstarkt wir spannen die Arme,
Unbegreiflichen Lachens erschüttert, wie Kraft, die sich
staut,
Wie Truppenkolonnen, unruhig nach Ruf der Alarme,
Wenn hoch und erwartet der Tag überm Osten blaut.

Grell wehen die Fahnen, wir haben uns heftig
entschlossen,
Ein Stoß ging durch uns, Not schrie, wir rollen
geschwellt,
Wie Sturmflut haben wir uns in die Straßen der Städte
ergossen
Und spülen vorüber die Trümmer zerborstener Welt.

Wir fegen die Macht und stürzen die Throne der Alten,
Vermoderte Kronen bieten wir lachend zu Kauf,
Wir haben die Türen zu wimmernden Kasematten
zerspalten
Und stoßen die Tore verruchter Gefängnisse auf.

Nun kommen die Scharen Verbannter, sie strammen die
Rücken,
Wir pflanzen Waffen in ihre Hand, die sich fürchterlich
krampft,
Von roten Tribünen lodert erzürntes Entzücken,
Und türmt Barrikaden, von glühenden Rufen umdampft.

Beglänzt von Morgen, wir sind die verheißnen Erhellten,
Von jungen Messiaskronen das Haupthaar umzackt,
Aus unsern Stirnen springen leuchtende, neue Welten,
Erfüllung und Künftiges, Tage, Sturmüberflaggt!

ERNST WILHELM LOTZ

Primaner in Uniform

Der Rektor trat, zum Abendbrot,
bekümmert in den Saal.
Der Klassenbruder Kern sei tot.
Das war das erste Mal.

Wir saßen bis zur Nacht im Park
und dachten lange nach.
Kurt Kern, gefallen bei Langemarck,
saß zwischen uns und sprach.

Dann lasen wir wieder Daudet und Vergil
und wurden zu Ostern versetzt.
Dann sagte man uns, daß Heimbold fiel.
Und Rochlitz sei schwer verletzt.

Herr Rektor Jobst war Theolog
für Gott und Vaterland.
Und jedem, der in den Weltkrieg zog,
gab er zuvor die Hand.

Kerns Mutter machte ihm Besuch.
Sie ging vor Kummer krumm.
Und weinte in ihr Taschentuch
vorm Lehrerkollegium.

Der Rochlitz starb im Lazarett.
Und wir begruben ihn dann.
Im Klassenzimmer hing ein Brett
mit den Namen der Toten daran.

Wir saßen oft im Park am Zaun.
Nie wurde mehr gespaßt.
Inzwischen fiel der kleine Braun.
Und Koßmann wurde vergast.

Der Rektor dankte Gott pro Sieg.
Die Lehrer trieben Latein.
Wir hatten Angst vor diesem Krieg.
Und dann zog man uns ein.

Wir hatten Angst. Und hofften gar,
es spräche einer Halt!
Wir waren damals achtzehn Jahr,
und das ist nicht sehr alt.

Wir dachten an Rochlitz, Braun und Kern.
Der Rektor wünschte uns Glück.
Und blieb mit Gott und den andern Herrn
gefaßt in der Heimat zurück.

ERICH KÄSTNER

Gegen Verführung

1

Laßt euch nicht verführen!
Es gibt keine Wiederkehr.
Der Tag steht in den Türen;
Ihr könnt schon Nachtwind spüren:
Es kommt kein Morgen mehr.

2

Laßt euch nicht betrügen!
Das Leben wenig ist.
Schlürft es in schnellen Zügen!
Es wird euch nicht genügen
Wenn ihr es lassen müßt!

3

Laßt euch nicht vertrösten!
Ihr habt nicht zu viel Zeit!
Laßt Moder den Erlösten!
Das Leben ist am größten:
Es steht nicht mehr bereit.

4

Laßt euch nicht verführen
Zu Fron und Ausgezehr!
Was kann euch Angst noch rühren?
Ihr sterbt mit allen Tieren
Und es kommt nichts nachher.

BERTOLT BRECHT

III
BILDUNG

Es gibt zweierlei Sorten Jugend,
eine natürliche, aber auch eine errungene.

Robert Walser

Es ist immer schwer, geboren zu werden …
man muß seinen Traum finden,
dann wird der Weg leicht.

Hermann Hesse

Bericht des Sohnes

Als ich die Stadt betrat, die mir der Vater
Beschrieben hatte, als die schönste, ging ich
Sofort vom Bahnhof aus zu finden
Jene breite Straße, die er mir nannte jene
breite Straße.
Mit Ungeduld ging ich durch ein paar Straßen
Und fragte schließlich einen der vorbeiging
Wo jene breite Straße sei, da sagte
Mir jener: hier, in der wir eben sind.

BERTOLT BRECHT

Von meinem Großvater Verus: Gutmütigkeit und Freisein von Zorn.

2. Vom Ruf und Erinnerungsbild meines Vaters: Zurückhaltung und Männlichkeit.

3. Von meiner Mutter: Frömmigkeit, Freigebigkeit und Abscheu nicht nur vor bösem Tun, sondern auch davor, auf einen solchen Gedanken zu verfallen; dazu Einfachheit in der Lebensweise und Sichfernhalten vom Treiben reicher Leute.

4. Von meinem Urgroßvater: daß ich nicht in öffentliche Schulen ging, und daß ich gute Lehrer zu Hause hatte, und daß ich erkannte, man müsse dazu reichlich Geld ausgeben.

5. Von meinem Erzieher: daß ich weder Grüner noch Blauer, noch Rundschildler oder Langschildler wurde; und Ausdauer, Bedürfnislosigkeit und Selbstzugreifen; und Meiden der Vielgeschäftigkeit; und Unzugänglichkeit gegenüber Verleumdung.

6. Von Diognetos: Verzicht auf Scheinernst; und Ungläubigkeit gegenüber dem Gerede von Wundertätern und Zauberern. Und daß ich mit der Philosophie vertraut wurde.

7. Von Rusticus: daß ich die Vorstellung bekam, Verbesserung und Pflege des Charakters zu bedürfen. Und nicht im Staatsgewand zu Hause herumzuspazieren und dergleichen zu tun; und die Briefe schlicht zu schreiben.

8. Von Apollonios: freie Haltung und unbedingtes Mißtrauen gegenüber dem Glücksfall und auf nichts anderes auch nur für kurze Zeit zu blicken als auf die Vernunft.

9. Von Sextus: Herzensgüte und das Beispiel des väterlich besorgten Hauses; und den Begriff des naturgemäßen Lebens; und echten Ernst; und fürsorgende Rücksicht auf die Freunde.

10. Von Alexander dem Grammatiker: das Meiden von Scheltworten.

11. Von Fronto: daß ich darauf achtete, was tyrannische Mißgunst, Hinterhältigkeit und Heuchelei ist, und wie im ganzen diese bei uns sogenannten Patrizier irgendwie liebloser sind.

12. Von Alexander dem Platoniker: nicht oft und nicht ohne Not jemandem zu sagen oder in einem Brief zu schreiben: ›ich habe keine Zeit‹, und auf solche Weise dauernd den mit den Beziehungen zu den Mitmenschen verbundenen Pflichten auszuweichen, unter Vorschützen der obwaltenden Umstände.

13. Von Catulus: nicht gering zu achten, wenn ein Freund einen Vorwurf macht, auch wenn es sich trifft, daß er es ohne Grund tut, sondern zu versuchen, ihn zum gewöhnlichen Verhältnis zurückzubringen.

14. Von Severus: Liebe zu der Familie, zur Wahrheit, zur Gerechtigkeit; und daß ich dank ihm Thraseas, Helvidius, Cato, Dion, Brutus kennenlernte und die Vorstellung eines demokratischen Staates bekam, der auf Grund von Gleichheit und Mitspracherecht verwaltet wird, und einer Monarchie, die vor allem die Freiheit der Untertanen hochhält.

15. Von Maximus: Selbstbeherrschung und in nichts zerfahren zu sein; und Wohlgemutheit sowohl in den andern Umständen als in den Krankheiten.

16. Von meinem Adoptivvater: Milde und unerschütterliches Beharren bei dem durch Prüfung für recht Befundenen; und Verachtung eitlen Scheines bei den scheinbaren Ehren; und Arbeitskraft und Ausdauer; und ein geneigtes Ohr für die etwas Gemeinnütziges Vorschlagenden; und unverrücklich jedem das Gebührende zuzuteilen; und die Erfahrung, wo Anspannung, wo Abspannung nötig ist.

17. Von den Göttern: daß ich gute Großväter, gute Eltern, eine gute Schwester, gute Lehrer, gute Hausgenossen, Verwandte, Freunde, fast alle insgesamt, hatte; und daß ich nicht darauf verfiel, gegenüber einem von ihnen einen Fehler zu begehen, obgleich ich eine solche Anlage hatte, von der aus ich, wenn es sich traf, derartiges wohl getan hätte.

MARC AUREL

Liebster Vater,

Du hast mich letzthin einmal gefragt,
warum ich behaupte, ich hätte Furcht vor Dir.
Ich wußte Dir, wie gewöhnlich, nichts zu antworten,
zum Teil eben aus der Furcht, die ich vor
Dir habe, zum Teil deshalb, weil zur Begründung
dieser Furcht zu viele Einzelheiten gehören,
als daß ich sie im Reden
halbwegs zusammenhalten könnte.
Und wenn ich hier versuche, Dir schriftlich
zu antworten,
so wird es doch nur sehr unvollständig sein,
weil auch im Schreiben die Furcht und ihre Folgen
mich Dir gegenüber behindern und weil
die Größe des Stoffs über mein Gedächtnis
und meinen Verstand weit hinausgeht.

FRANZ KAFKA

Die Eltern prägen den Kindern die fürchterliche Angst vor dem Dunkel ein und schicken dann zur Strafe die Unartigen in stille, schwarze Kammern. Da greift nun das Kind im Dunkel, im dicken Dunkel und stößt nur auf Dunkel. Des Kindes Angst und das Dunkel kommen ganz gut miteinander aus, aber nicht das Kind mit der Angst. Das Kind hat soviel Talent, Angst zu haben, daß die Angst immer größer wird. Sie bemächtigt sich des kleinen Kindes, denn sie ist etwas so Großes, Dickes, Schweratmendes; das Kind würde zum Beispiel gern schreien wollen, aber es wagt es nicht. Dieses Nicht-Wagen vergrößert noch seine Angst; denn etwas Furchtbares muß da sein, wenn man nicht einmal vor Angst Angstschreie ausstoßen darf. Das Kind glaubt, jemand horche im Dunkel. Wie schwermütig einen das macht, sich solch ein armes Kind vorzustellen. Wie die armen Öhrchen sich anstrengen, ein Geräusch zu erhorchen: nur den tausendsten Teil eines Geräuschleins. Nichts hören ist viel angstvoller als etwas hören, wenn man schon einmal im Dunkel steht und hinhorcht. Überhaupt schon: hinhorchen und beinahe das eigene Horchen hören. Das Kind hört nicht auf, zu hören. Manchmal horcht es, und manchmal hört es nur, denn das Kind weiß zu unterscheiden in seiner namenlosen Angst. Wenn man sagt: hören, so wird eigentlich etwas gehört, aber wenn man sagt: horchen, so horcht man vergeblich, man hört nichts, man möchte hören. Horchen ist Sache des Kindes, das in eine dunkle Kammer eingesperrt wird, zur Strafe für Unarten. Denke man sich jetzt, daß jemand herankäme, leise, fürchterlich leise. Nein, das lieber nicht denken. Lieber das nicht denken. Derjenige, der das denkt, stirbt mit dem Kinde vor Schreck. So zarte Seelen haben Kinder, und solchen Seelen solche Schrecknisse zudenken! Eltern, Eltern, stecket nie eure unartigen Kinder in dunkle Kammern, wenn ihr sie vorher gelehrt habt, Angst vor dem sonst so lieben, lieben Dunkel zu empfinden.

ROBERT WALSER

An meinen Sohn Johannes

Gold und Silber habe ich nicht;
was ich aber habe, gebe ich Dir.

Lieber Johannes!

Die Zeit kommt allgemach heran, daß ich den Weg gehen muß, den man nicht wieder kömmt. Ich kann Dich nicht mitnehmen; und lasse Dich in einer Welt zurück, wo guter Rat nicht überflüssig ist.

Niemand ist weise von Mutterleibe an; Zeit und Erfahrung lehren hier und fegen die Tenne.

Ich habe die Welt länger gesehen als Du.

Es ist nicht alles Gold, lieber Sohn, was glänzet, und ich habe manchen Stern vom Himmel fallen und manchen Stab, auf den man sich verließ, brechen sehen.

Darum will ich Dir einigen Rat geben und Dir sagen, was ich funden habe und was die Zeit mich gelehret hat.

Es ist nichts groß, was nicht gut ist; und nichts wahr, was nicht bestehet.

Der Mensch ist hier nicht zu Hause, und er geht hier nicht von ungefähr in dem schlechten Rock umher. Denn siehe nur, alle andre Dinge hier mit und neben ihm sind und gehen dahin, ohne es zu wissen; der Mensch ist sich bewußt, und wie eine hohe bleibende Wand, an der die Schatten vorüber gehen. Alle Dinge mit und neben ihm gehen dahin, einer fremden Willkür und Macht unterworfen, er ist sich selbst anvertraut und trägt sein Leben in seiner Hand.

Und es ist nicht für ihn gleichgültig, ob er rechts oder links gehe.

Laß Dir nicht weismachen, daß er sich raten könne und selbst seinen Weg wisse.

Diese Welt ist für ihn zu wenig, und die unsichtbare siehet er nicht und kennet sie nicht.

Spare Dir denn vergebliche Mühe, und tue Dir kein Leid, und besinne Dich Dein.

Halte Dich zu gut, Böses zu tun.

Hänge Dein Herz an kein vergänglich Ding.

Die Wahrheit richtet sich nicht nach uns, lieber Sohn, sondern wir müssen uns nach ihr richten.

Was Du sehen kannst, das siehe, und brauche Deine Augen, und über das Unsichtbare und Ewige halte Dich an Gottes Wort.

Bleibe der Religion Deiner Väter getreu und hasse die theologischen Kannengießer.

Scheue niemand so viel als Dich selbst. Inwendig in uns wohnet der Richter, der nicht trügt, und an dessen Stimme uns mehr gelegen ist als an dem Beifall der ganzen Welt und der Weisheit der Griechen und Egypter. Nimm es Dir vor, Sohn, nicht wider seine Stimme zu tun; und was Du sinnest und vorhast, schlage zuvor an Deine Stirne und frage ihn um Rat. Er spricht anfangs nur leise und stammelt wie ein unschuldiges Kind; doch wenn Du seine Unschuld ehrst, löset er gemach seine Zunge und wird Dir vernehmlicher sprechen.

Lerne gerne von andern, und wo von Weisheit, Menschenglück, Licht, Freiheit, Tugend etc. geredet wird, da höre fleißig zu. Doch traue nicht flugs und allerdings, denn die Wolken haben nicht alle Wasser, und es gibt mancherlei Weise. Sie meinen auch, daß sie die Sache hätten, wenn sie davon reden können und davon reden. Das ist aber nicht, Sohn. Man hat darum die Sache nicht, daß man davon reden kann und davon redet. Worte sind nur Worte, und wo sie so gar leicht und behende dahin fahren, da sei auf Deiner Hut, denn die Pferde, die den Wagen mit Gütern hinter sich haben, gehen langsameren Schrittes.

Erwarte nichts vom Treiben und den Treibern; und wo Geräusch auf der Gassen ist, da gehe fürbaß.

Wenn Dich jemand will Weisheit lehren, da siehe in sein Angesicht. Dünket er sich hoch, und sei er noch so gelehrt und noch so berühmt, laß ihn und gehe seiner Kundschaft müßig. Was einer nicht hat, das kann er auch nicht geben. Und der ist nicht frei, der da will tun können, was er will, sondern der ist frei, der da wollen kann, was er tun soll. Und der ist nicht weise, der sich dünket, daß er wisse; sondern der ist weise, der seiner Unwissenheit innegeworden und durch die Sache des Dünkels genesen ist.

Was im Hirn ist, das ist im Hirn; und Existenz ist die erste aller Eigenschaften.

Wenn es Dir um Weisheit zu tun ist, so suche *sie* und nicht das Deine, und brich Deinen Willen und erwarte geduldig die Folgen.

Denke oft an heilige Dinge und sei gewiß, daß es nicht ohne Vorteil für Dich abgehe und der Sauerteig den ganzen Teig durchsäuere.

Verachte keine Religion, denn sie ist dem Geist gemeint, und Du weißt nicht, was unter unansehnlichen Bildern verborgen sein könne. Es ist leicht zu verachten, Sohn; und verstehen ist viel besser.

Lehre nicht andre, bis Du selbst gelehrt bist. Nimm Dich der Wahrheit an, wenn Du kannst, und laß Dich gerne ihrentwegen hassen; doch wisse, daß Deine Sache nicht die Sache der Wahrheit ist, und hüte, daß sie nicht in einander fließen, sonst hast Du Deinen Lohn dahin.

Tue das Gute vor Dich hin, und bekümmre Dich nicht, was daraus werden wird.

Wolle nur einerlei, und das wolle von Herzen.

Sorge für Deinen Leib, doch nicht so, als wenn er Deine Seele wäre.

Gehorche der Obrigkeit, und laß die andern über sie streiten.

Sei rechtschaffen gegen jedermann, doch vertraue Dich schwerlich.

Mische Dich nicht in fremde Dinge, aber die Deinigen tue mit Fleiß.

Schmeichle niemand, und laß Dir nicht schmeicheln.

Ehre einen jeden nach seinem Stande, und laß ihn sich schämen, wenn er's nicht verdient.

Werde niemand nichts schuldig; doch sei zuvorkommend, als ob sie alle Deine Gläubiger wären.

Wolle nicht immer großmütig sein, aber gerecht sei immer.

Mache niemand graue Haare, doch wenn Du Recht tust, hast Du um die Haare nicht zu sorgen.

Mißtraue der Gestikulation, und geberde Dich schlecht und recht.

Hilf und gib gerne, wenn Du hast, und dünke Dir darum nicht mehr; und wenn Du nicht hast, so habe den Trunk kalten Wassers zur Hand, und dünke Dir darum nicht weniger.

Tue keinem Mädchen Leides und denke, daß Deine Mutter auch ein Mädchen gewesen ist.

Sage nicht alles, was Du weißt, aber wisse immer, was Du sagest.

Hänge Dich an keinen Großen.

Sitze nicht, wo die Spötter sitzen, denn sie sind die elendesten unter allen Kreaturen.

Nicht die frömmelnden, aber die frommen Menschen achte und gehe ihnen nach. Ein Mensch, der wahre Gottesfurcht im Herzen hat, ist wie die Sonne, die da scheinet und wärmt, wenn sie auch nicht redet.

Tue was des Lohnes wert ist, und begehre keinen.

Wenn Du Not hast, so klage sie Dir und keinem andern.

Habe immer etwas Gutes im Sinn.

Wenn ich gestorben bin, so drücke mir die Augen zu und beweine mich nicht.

Stehe Deiner Mutter bei und ehre sie so lange sie lebt, und begrabe sie neben mir.

Und sinne täglich nach über Tod und Leben, ob Du es finden möchtest, und habe einen freudigen Mut; und gehe nicht aus der Welt, ohne Deine Liebe und Ehrfurcht für den Stifter des Christentums durch irgendetwas öffentlich bezeuget zu haben. *Dein treuer Vater.*

MATTHIAS CLAUDIUS

An meinen Sohn Karl

Zuvorderst einige Worte über mein Schreiben, welches Dir möglich Verdruß gemacht haben mag. Du weißt, daß ich nicht pedantisch auf meine Autorität halte und auch meinem Kinde gestehe, wenn ich Unrecht habe. Ich hatte Dir wirklich gesagt, erst nachdem Du etwas Dich näher umgesehn, zu schreiben. Du hättest indessen doch, da die Sache solange zuging, meine Worte weniger buchstäblich nehmen sollen, besonders da Du weißt, wie ängstlich und besorgt die gute Mutter ist. Es ist nun über dies Kapitel genug.

Dein Schreiben, das mit Not lesbar war, hat mir viele Freude gemacht. Zwar hege ich keine Zweifel über Deinen guten Willen, Deinen Fleiß, auch nicht in Beziehung auf Deinen festen Vorsatz, was Tüchtiges zu tun. Indessen freut es mich, daß der Anfang Dir angenehm und leicht ist, und daß Du Deinem Berufsfache Geschmack abgewinnst. Neun Kollegien scheint mir etwas viel, und ich wünsche nicht, daß Du mehr tust, als Körper und Geist vertragen können. Wenn Du indessen keine Schwierigkeit dabei findest, so mag es gut sein. Das Feld des Wissens ist unermeßlich und die Zeit kurz. Du wirst mir wohl im nächsten Schreiben etwas mehr und näher ausführlich Bericht erstatten. Du weißt, wie sehr mich alles interessiert, was Dir nahe geht ...

Was soll ich Dir nun weiter sagen? Dir predigen? ... Dein heller Verstand, Dein reines Gefühl, Dein unverdorben ... unterrichten, um vom guten Wege nicht abzukommen ... und was ich wünsche, weißt Du recht gut ... Ich wünsche in Dir das zu sehn, was vielleicht aus mir geworden wäre, wenn ich unter ebenso günstigen Auspizien die Welt erblickt hätte. Meine schönsten Hoffnungen kannst Du erfüllen und zerstören. Es ist vielleicht unrecht und unklug zugleich, auf einen Menschen seine schönsten Hoffnungen zu bauen und so seine eigene Ruhe vielleicht zu untergraben. Doch wer anders als die Natur kann dafür, daß die auch sonst nicht so schwachen Männer dennoch schwache Väter sind ...

Daß Du moralisch gut bleibst, daran zweifle ich wirklich nicht. Doch ein großer Hebel für die Moral ist der reine Glaube an Gott. Du weißt, ich bin nichts weniger als Fanatiker. Aber dieser Glauben ist dem Menschen früh oder spät wahres Bedürfnis, zur Anbetung des Höchsten hingezogen wird. Und gemein ist es, denn was Newton, Locke und Leibniz geglaubt, dem darf sich jeder unterwerfen ...

Und so, lieber guter Karl, lebe denn recht wohl, und wenn Du Deinem Geiste recht kräftige und gesunde Nahrung gibst, vergesse nicht, daß der Körper auf dieser erbärmlichen Erde dessen steter Begleiter ist und das Wohlbehagen der ganzen Maschine bedingt. Ein siecher Gelehrter ist das unglücklichste Wesen auf Erden. Studiere daher nicht mehr als Deiner Gesundheit zuträglich ist. Dazu tägliche Bewegung und Enthaltsamkeit, und ich hoffe, Dich jedesmal gestärkter an Geist und Körper zu umarmen.

Trier, den 18. November 1835 Dein treuer Vater *Marx.*

HEINRICH MARX

Als sie einmal vom Spaziergang zurückkamen, nahm Papa Lucien auf seine Knie und setzte ihm auseinander, was das sei: ein Chef. Lucien wollte wissen, wie Papa in der Fabrik zu den Arbeitern sprach, und Papa machte es ihm vor, und seine Stimme war völlig verändert. »Werde ich auch einmal Chef?« fragte Lucien. »Aber sicher, mein Männlein, dazu habe ich dich in die Welt gesetzt.« – »Und wem werde ich befehlen?« – »Wenn ich tot bin, wirst du der Fabrikherr und wirst meine Arbeiter kommandieren.« – »Aber die werden dann auch tot sein.« – »Nun, dann wirst du ihre Söhne kommandieren, und du wirst lernen müssen, dir Gehorsam und Liebe zu erringen.« – »Und wie soll ich mir ihre Liebe erringen?« Papa dachte ein wenig nach und sagte dann: »Zunächst einmal mußt du alle beim Namen kennen.« Lucien war tief bewegt, und als der Sohn des Vorarbeiters Morel ins Haus kam, um zu melden, daß sein Vater zwei Finger verloren habe, sprach er ernsthaft und voll Mitgefühl mit ihm, sah ihm dabei gerade in die Augen und nannte ihn Morel. Mama sagte, sie sei stolz darauf, einen so guten und gefühlvollen kleinen Jungen zu haben.

JEAN-PAUL SARTRE

Man verdirbt einen Jüngling am sichersten, wenn man ihn anleitet, den Gleichdenkenden höher zu achten als den Andersdenkenden.

FRIEDRICH NIETZSCHE

Natürlich Jeans! Oder kann sich einer ein Leben ohne Jeans vorstellen? Jeans sind die edelsten Hosen der Welt. Dafür verzichte ich doch auf die ganzen synthetischen Lappen aus der Jumo, die ewig tiffig aussehen. Für Jeans konnte ich überhaupt auf alles verzichten, außer der *schönsten Sache* vielleicht. Und außer Musik. Ich meine jetzt nicht irgendeinen Händelsohn Bacholdy, sondern echte Musik, Leute. Ich hatte nichts gegen Bacholdy oder einen, aber sie rissen mich nicht gerade vom Hocker. Ich meine natürlich echte Jeans. Es gibt ja auch einen Haufen Plunder, der bloß so tut wie echte Jeans. Dafür lieber gar keine Hosen. Echte Jeans dürfen zum Beispiel keinen Reißverschluß haben vorn. Es gibt ja überhaupt nur eine Sorte echte Jeans. Wer echter Jeansträger ist, weiß, welche ich meine. Was nicht heißt, daß jeder, der echte Jeans trägt, auch echter Jeansträger ist. Die meisten wissen gar nicht, was sie da auf dem Leib haben. Es tötete mich immer fast gar nicht, wenn ich so einen fünfundzwanzigjährigen Knacker mit Jeans sah, die er sich über seine verfetteten Hüften gezwängt hatte und in der Taille zugeschnürt. Dabei sind Jeans Hüfthosen, das heißt Hosen, die einem von der Hüfte rutschen, wenn sie nicht eng genug sind und einfach durch Reibungswiderstand obenbleiben. Dazu darf man natürlich keine fetten Hüften haben und einen fetten Arsch schon gar nicht, weil sie sonst nicht zugehen im Bund. Das kapiert einer mit fünfundzwanzig schon nicht mehr. Das ist, wie wenn einer dem Abzeichen nach Kommunist ist und zu Hause seine Frau prügelt. Ich meine, Jeans sind eine Einstellung und keine Hosen. Ich hab überhaupt manchmal gedacht, man dürfte nicht älter werden als siebzehn – achtzehn. Danach fängt es mit dem Beruf an oder mit irgendeinem Studium oder mit der Armee, und dann ist mit keinem mehr zu reden. Ich hab jedenfalls keinen gekannt. Vielleicht versteht mich keiner. Dann zieht man eben Jeans an, die einem nicht mehr zustehen. Edel ist wieder, wenn einer auf Rente ist und trägt dann Jeans, mit Bauch und Hosenträger. Das ist wieder edel. Ich hab aber keinen gekannt, außer Zaremba. Zaremba war edel. Der hätte welche tragen können, wenn er gewollt hätte, und es hätte keinen angestunken. [...]

Ich analysierte mich kurz und stellte fest, daß ich eigentlich lesen wollte, und zwar wenigstens bis gegen Morgen. Dann wollte ich bis Mittag pennen und dann sehen, wie der Hase läuft in Berlin. Überhaupt wollte ich es so machen: bis Mittag schlafen und dann bis Mitternacht leben. Ich wurde sowieso im Leben nie vor Mittag wirklich munter. Mein Problem war bloß: Ich hatte keinen Stoff. – Ich hoffe, es denkt jetzt keiner, ich meine Hasch und das Opium. Ich hatte nichts gegen Hasch. Ich kannte zwar keinen. Aber ich glaube, ich Idiot wäre so idiotisch gewesen, welchen zu nehmen, wenn ich irgendwo hätte welchen aufreißen können. Aus purer Neugierde. Old Willi und ich hatten seinerzeit ein halbes Jahr Bananenschalen gesammelt und sie getrocknet. Das soll etwa so gut wie Hasch sein. Ich hab nicht die Bohne was gemerkt, außer daß mir die Spucke den ganzen Hals zuklebte. Wir legten uns auf den Teppich, ließen den Recorder laufen und rauchten diese Schalen. Als nichts passierte, fing ich an die Augen zu verdrehen und verzückt zu lächeln und ungeheuer rumzuspinnen, als wenn ich sonstwie high wäre. Als Old Willi das sah, fing er auch an, aber ich bin überzeugt, bei ihm spielte sich genausowenig ab wie bei mir. Ich bin übrigens nie wieder auf den Bananenstoff und solchen Mist zurückgekommen, überhaupt auf keinen Stoff. Was ich also meine, ist: ich hatte keinen Lesestoff. Oder denkt einer, ich hätte vielleicht Bücher mitgeschleppt? Nicht mal meine Lieblingsbücher. Ich dachte, ich wollte nicht Sachen von früher mit rumschleppen. Außerdem kannte ich die zwei Bücher so gut wie auswendig. Meine Meinung zu Büchern war: Alle Bücher kann kein Mensch lesen, nicht mal alle sehr guten. Folglich konzentrierte ich mich auf zwei. Sowieso sind meiner Meinung nach in jedem Buch fast *alle* Bücher. Ich weiß nicht, ob mich einer versteht. Ich meine, um ein Buch zu schreiben, muß einer ein paar tausend Stück andere gelesen haben. Ich kann's mir jedenfalls nicht anders vorstellen. Sagen wir: dreitausend. Und jedes davon hat einer verfaßt, der selber dreitausend gelesen hat. Kein Mensch weiß, wieviel Bücher es gibt. Aber bei dieser einfachen Rechnung kommen schon ...zig Milliarden und das mal zwei raus. Ich fand, das reicht. Meine zwei Lieblingsbücher waren: Robinson Crusoe. Jetzt wird vielleicht einer grinsen. Ich hätte das nie im Leben zugegeben. Das andere war von diesem Salinger. Ich hatte es durch puren Zufall in die Klauen gekriegt. Kein Mensch kannte das. Ich meine: kein Mensch hatte es mir empfohlen oder so. Bloß gut. Ich hätte es dann nie angefaßt. Meine Erfahrungen mit empfohlenen Büchern waren hervorragend mies. Ich Idiot war so verrückt, daß ich ein empfohlenes Buch mies fand, selbst wenn es gut war. Trotzdem werde ich jetzt noch blaß, wenn ich denke, ich hätte dieses Buch vielleicht nie in die Finger gekriegt. Dieser Salinger ist ein edler Kerl. Wie er da in diesem nassen New York rumkraucht und nicht nach Hause kann, weil er von dieser Schule abgehauen ist, wo sie ihn sowieso exen wollten, das ging mir immer ungeheuer an die Nieren. Wenn ich seine Adresse gewußt hätte, hätte ich ihm geschrieben, er soll zu uns rüberkommen. Er muß genau in meinem Alter gewesen sein. Mittenberg war natürlich ein Nest gegen New York, aber erholt hätte er sich hervorragend bei uns. Vor allem hätten wir seine blöden sexuellen Probleme beseitigt. Das ist vielleicht das einzige, was ich an Salinger nie verstanden habe. [...]

Der Kerl in dem Buch, dieser Werther, wie er hieß, macht am Schluß Selbstmord. Gibt einfach den Löffel ab. Schießt sich ein Loch in seine olle Birne, weil er die Frau nicht kriegen kann, die er haben will, und tut sich ungeheuer leid dabei. Wenn er nicht völlig verblödet war, mußte er doch sehen, daß sie nur darauf wartete, daß er was *machte,* diese Charlotte. Ich meine, wenn ich mit einer Frau allein im Zimmer bin und wenn ich weiß, vor einer halben Stunde oder so kommt keiner da rein, Leute, dann versuch ich doch *alles.* Kann sein, ich handle mir ein paar Schellen ein, na und? Immer noch besser als eine verpaßte Gelegenheit. Außerdem gibt es höchstens in zwei von zehn Fällen Schellen. Das ist Tatsache. Und dieser Werther war ... zigmal mit ihr allein. Schon in diesem Park. Und was macht er? Er sieht ruhig zu, wie sie heiratet. Und dann murkst er sich ab. Dem war nicht zu helfen.

Wirklich leid tat mir bloß die Frau. Jetzt saß sie mit ihrem Mann da, diesem Kissenpuper. Wenigstens daran hätte Werther denken müssen. Und dann: Nehmen wir mal an, an die Frau wäre wirklich kein Rankommen gewesen. Das war noch lange kein Grund, sich zu durchlöchern. Er hatte doch ein Pferd! Da wär ich doch wie nichts in die Wälder. Davon gab's doch damals noch genug. Und Kumpels hätte er eins zu tausend massenweise gefunden. Zum Beispiel Thomas Müntzer oder wen. Das war nichts Reelles. Reiner Mist. Außerdem dieser Stil. Das wimmelte nur so von Herz und Seele und Glück und Tränen. Ich kann mir nicht vorstellen, daß welche so geredet haben sollen, auch nicht vor drei Jahrhunderten. Der ganze Apparat bestand aus lauter Briefen, von diesem unmöglichen Werther an seinen Kumpel zu Hause. Das sollte wahrscheinlich ungeheuer originell wirken oder unausgedacht. Der das geschrieben hat, soll sich mal meinen Salinger durchlesen. *Das* ist echt, Leute!

ULRICH PLENZDORF

IV
SCHULE

Die Schule ist das unentbehrliche
Halsband der Jugend.

Robert Walser

Ich hatte das Gefühl,
einer der größten menschlichen Sinnlosigkeiten,
dem Gymnasium, entkommen zu sein.

Thomas Bernhard

Die erste Empfindung, für die ein junger, sorgfältig erzogener Mensch empfänglich ist, ist nicht die Liebe, sondern die Freundschaft. Das erste, was seine erwachende Einbildungskraft ihn lehrt, ist die Erkenntnis, daß er seinesgleichen hat, und die Art reizt ihn eher als das Geschlecht. Hier hat man also einen weiteren Vorteil der verlängerten Unschuld, nämlich daß man sich die aufkeimende Empfindsamkeit zunutze mache, um die ersten Samen der Menschlichkeit in das Herz des Jünglings zu streuen. Dieser Vorteil ist um so kostbarer, als dies die einzige Zeit des Lebens ist, wo die Bemühungen einen wahren Erfolg haben können.

Ich habe allezeit gesehen, daß die früh verdorbenen und den Frauen und der Ausschweifung ergebenen jungen Leute unmenschlich und grausam waren; die wilde Hitze des Temperamentes machte sie ungeduldig, rachgierig, wütend. Ihre von einem einzigen Gegenstand erfüllte Einbildungskraft versagte sich allem übrigen. Sie kannten weder Mitleid noch Barmherzigkeit; sie würden Vater und Mutter und die ganze Welt ihrem allergeringsten Vergnügen aufgeopfert haben. Ein junger Mensch hingegen, der in einer glücklichen Einfalt erzogen worden ist, wird durch die ersten Regungen der Natur zu zärtlichen und liebevollen Leidenschaften angetrieben. Sein mitleidiges Herz wird bei den Schmerzen seiner Mitmenschen gerührt; es hüpft vor Freude, wenn er seinen Gefährten wiedersieht; seine Arme können sich liebkosenden Umarmungen hingeben; seine Augen können Tränen der Rührung vergießen; er empfindet Scham, wenn er mißfällt, und bedauert es, wenn er jemanden beleidigt hat. Wenn ihn die Hitze eines Blutes, das sich entzündet, heftig, auffahrend, zornig macht, so erkennt man den Augenblick darauf alle Güte seines Herzens in der Ergießung seiner Reue; er weint, er seufzt über die Wunde, die er verursacht hat; er wollte gern mit seinem eigenen Blute das wiederkaufen, das er vergossen hat; alle seine Entrüstung erlischt, all sein Stolz demütigt sich vor der Empfindung seines Fehlers. Ist er selbst beleidigt? Eine Entschuldigung, ein Wort entwaffnen ihn mitten in seinem stärksten Zorn. Er vergibt das Unrecht anderer mit ebenso gutem Herzen, wie er das seine wiedergutmacht. Die Jünglingsjahre sind nicht das Alter der Rache und des Hasses; sie sind das Alter des Erbarmens, der Gnade, der Großmut. Ja, ich behaupte es, und ich befürchte nicht, durch die Erfahrung widerlegt zu werden: Ein Kind, das nicht übel veranlagt ist und das bis in das zwanzigste Jahr seine Unschuld erhalten hat, ist in diesem Alter der großmütigste, der allerbeste, der liebreichste und der liebenswürdigste Mensch. [...]

Will man also im Herzen eines jungen Menschen die ersten Regungen der erwachenden Empfindsamkeit anfachen und nähren und seine Gemütsart zur Wohltätigkeit und Güte kehren, dann lasse man den Stolz, die Eitelkeit, den Neid durch das trügerische Bild des menschlichen Glücks nicht in ihm keimen; man stelle seinen Augen anfänglich nicht den Prunk der Höfe, die Pracht der Paläste, die Reize der Schauspiele vor, man führe ihn nicht in gesellschaftliche Kreise, in glänzende Versammlungen ein. Man zeige ihm nicht das Äußerliche der großen Gesellschaft, als bis man ihn in den Stand gesetzt hat, ihren eigentlichen Wert abzuschätzen. Ihm die Welt zeigen, ehe er die Menschen kennt, heißt nicht ihn bilden; es heißt ihn verderben; es heißt nicht ihn unterrichten, es heißt ihn täuschen.

Die Menschen sind von Natur aus weder Könige noch Vornehme, weder Hofleute noch Reiche. Alle sind nackt und arm geboren, alle dem Elend des Lebens, den Kümmernissen, den Übeln, den Bedürfnissen, den Schmerzen aller Art unterworfen; alle sind endlich zum Tode verdammt. Da sieht man, was der Mensch wahrhaftig ist; da sieht man, wovon kein Sterblicher befreit ist. Man fange also beim Studium der menschlichen Natur mit dem an, was am unzertrennlichsten von ihr ist, was das Menschliche am besten ausdrückt.

Mit sechzehn Jahren weiß der Jüngling, was Leiden ist, denn er hat selbst gelitten; kaum aber weiß er, daß andere Wesen auch leiden. Es sehen, ohne es zu empfinden, heißt nicht es wissen; und, wie ich hundertmal gesagt habe, da sich das Kind nicht vorstellen kann, was die anderen empfinden, kennt es nur seine eigenen Leiden. Wenn aber die erste Entwicklung der Sinne das Feuer der Einbildungskraft in ihm entzündet, fängt es an, sich in seine Mitmenschen hineinzuversetzen, von ihren Klagen bewegt zu werden und unter ihren Schmerzen zu leiden. Alsdann muß das traurige Gemälde der leidenden Menschheit die erste Rührung in sein Herz bringen, die es jemals erfahren hat.

JEAN-JACQUES ROUSSEAU

Eines der größesten Probleme der Erziehung ist, wie man die Unterwerfung unter den gesetzlichen Zwang mit der Fähigkeit, sich seiner Freiheit zu bedienen, vereinigen könne. Denn Zwang ist nötig! Wie kultiviere ich die Freiheit bei dem Zwange? Ich soll meinen Zögling gewöhnen, einen Zwang seiner Freiheit zu dulden, und soll ihn selbst zugleich anführen, seine Freiheit gut zu gebrauchen. Ohne dies ist alles bloßer Mechanism, und der der Erziehung Entlassene weiß sich seiner Freiheit nicht zu bedienen.

IMMANUEL KANT

Nun wurde es ganz leer und langweilig um Törleß. Aber er war einstweilen älter geworden, und die beginnende Geschlechtsreife fing an, sich dunkel und allmählich in ihm emporzuheben. In diesem Abschnitt seiner Entwicklung schloß er einige neue, dementsprechende Freundschaften, die für ihn später von größter Wichtigkeit wurden. So mit Beineberg und Reiting, mit Moté und Hofmeier, eben jenen jungen Leuten, in deren Gesellschaft er heute seine Eltern zur Bahn begleitete.

Merkwürdigerweise waren dies gerade die übelsten seines Jahrganges, zwar talentiert und selbstverständlich auch von guter Herkunft, aber bisweilen bis zur Roheit wild und ungebärdig. Und daß gerade ihre Gesellschaft Törleß nun fesselte, lag wohl an seiner eigenen Unselbständigkeit, die, seitdem es ihn von dem Prinzen wieder fortgetrieben hatte, sehr arg war. Es lag sogar in der geradlinigen Verlängerung dieses Abschwenkens, denn es bedeutete wie dieses eine Angst vor allzu subtilen Empfindeleien, gegen die das Wesen der anderen Kameraden gesund, kernig und lebensgerecht abstach.

Törleß überließ sich gänzlich ihrem Einflusse, denn seine geistige Situation war nun ungefähr diese: In seinem Alter hat man am Gymnasium Goethe, Schiller, Shakespeare, vielleicht sogar schon die Modernen gelesen. Das schreibt sich dann halbverdaut aus den Fingerspitzen wieder heraus. Römertragödien entstehen oder sensitivste Lyrik, die im Gewande seitenlanger Interpunktionen wie in der Zartheit durchbrochener Spitzenarbeit einherschreitet: Dinge, die an und für sich lächerlich sind, für die Sicherheit der Entwicklung aber einen unschätzbaren Wert bedeuten. Denn diese von außen kommenden Assoziationen und erborgten Gefühle tragen die jungen Leute über den gefährlich weichen seelischen Boden dieser Jahre hinweg, wo man sich selbst etwas bedeuten muß und doch noch zu unfertig ist, um wirklich etwas zu bedeuten. Ob für später bei dem einen etwas davon zurückbleibt oder bei dem andern nichts, ist gleichgültig; dann findet sich schon jeder mit sich ab, und die Gefahr besteht nur in dem Alter des Überganges. Wenn man da solch einem jungen Menschen das Lächerliche seiner Person zur Einsicht bringen könnte, so würde der Boden unter ihm einbrechen, oder er würde wie ein erwachter Nachtwandler herabstürzen, der plötzlich nichts als Leere sieht.

Diese Illusion, dieser Trick zugunsten der Entwicklung fehlte im Institute. Denn dort waren in der Büchersammlung wohl die Klassiker enthalten, aber diese galten als langweilig, und sonst fanden sich nur sentimentale Novellenbände und witzlose Militärhumoresken.

Der kleine Törleß hatte sie wohl alle förmlich in einer Gier nach Büchern durchgelesen, irgendeine banal zärtliche Vorstellung aus ein oder der anderen Novelle wirkte manchmal auch noch eine Weile nach, allein einen Einfluß, einen wirklichen Einfluß, nahm dies auf seinen Charakter nicht. Es schien damals, daß er überhaupt keinen Charakter habe. Er schrieb zum Beispiel unter dem Einflusse dieser Lektüre selbst hie und da eine kleine Erzählung oder begann ein romantisches Epos zu dichten. In der Erregung über die Liebesleiden seiner Helden röteten sich dann seine Wangen, seine Pulse beschleunigten sich und seine Augen glänzten.

Wie er aber die Feder aus der Hand legte, war alles vorbei; gewissermaßen nur in der Bewegung lebte sein Geist. Daher war es ihm auch möglich, ein Gedicht oder eine Erzählung wann immer, auf jede Aufforderung hin, niederzuschreiben. Er regte sich dabei auf, aber trotzdem nahm er es nie ganz ernst, und die Tätigkeit erschien ihm nicht wichtig. Es ging von ihr nichts auf seine Person über, und sie ging nicht von seiner Person aus. Er hatte nur unter irgendeinem äußeren Zwang Empfindungen, die über das Gleichgültige hinausgingen, wie ein Schauspieler dazu des Zwanges einer Rolle bedarf.

Es waren Reaktionen des Gehirns. Das aber, was man als Charakter oder Seele, Linie oder Klangfarbe eines Menschen fühlt, jedenfalls dasjenige, wogegen die Gedanken, Entschlüsse und Handlungen wenig bezeichnend, zufällig und auswechselbar erscheinen, dasjenige, was beispielsweise Törleß an den Prinzen jenseits alles verstandlichen Beurteilens geknüpft hatte, dieser letzte, unbewegliche Hintergrund, was zu jener Zeit in Törleß gänzlich verloren gegangen.

In seinen Kameraden war es die Freude am Sport, das Animalische, welches sie eines solchen gar nicht bedürfen ließ, so wie am Gymnasium das Spiel mit der Literatur dafür sorgt.

Törleß war aber für das eine zu geistig angelegt und dem anderen brachte er jene scharfe Feinfühligkeit für das Lächerliche solcher erborgter Sentiments entgegen, die das Leben im Institute durch seine Nötigung steter

Bereitschaft zu Streitigkeiten und Faustkämpfen erzeugt. So erhielt sein Wesen etwas Unbestimmtes, eine innere Hilflosigkeit, die ihn nicht zu sich selbst finden ließ.

Er schloß sich seinen neuen Freunden an, weil ihm ihre Wildheit imponierte. Da er ehrgeizig war, versuchte er hie und da, es ihnen darin sogar zuvorzutun. Aber jedesmal blieb er wieder auf halbem Wege stehen und hatte nicht wenig Spott deswegen zu erleiden. Dies verschüchterte ihn dann wieder. Sein ganzes Leben bestand in dieser kritischen Periode eigentlich nur in diesem immer erneuten Bemühen, seinen rauhen, männlicheren Freunden nachzueifern, und in einer tief innerlichen Gleichgültigkeit gegen dieses Bestreben.

Besuchten ihn jetzt seine Eltern, so war er, solange sie allein waren, still und scheu. Den zärtlichen Berührungen seiner Mutter entzog er sich jedesmal unter einem anderen Vorwande. In Wahrheit hätte er ihnen gern nachgegeben, aber er schämte sich, als seien die Augen seiner Kameraden auf ihn gerichtet. Seine Eltern nahmen es als die Ungelenkigkeit der Entwicklungsjahre hin.

Nachmittags kam dann die ganze laute Schar. Man spielte Karten, aß, trank, erzählte Anekdoten über die Lehrer und rauchte die Zigaretten, die der Hofrat aus der Residenz mitgebracht hatte.

Diese Heiterkeit erfreute und beruhigte das Ehepaar.

Daß für Törleß mitunter auch andere Stunden kamen, wußten sie nicht.

Ein Irrtum

Pater Arnall kam herein und die Lateinstunde begann und er blieb mit verschränkten Armen auf das Pult gelehnt weiterhin still. Pater Arnall teilte die Arbeitshefte aus und sagte, sie wären ein Skandal und müßten alle mit den Verbesserungen noch einmal abgeschrieben werden, sofort. Aber die schlechteste von allen wäre Flemings Arbeit, weil durch einen Klecks die Seiten aneinanderklebten: und Pater Arnall hielt sie an einer Ecke hoch und sagte, es wäre eine Beleidigung für den Lehrer, ihm eine solche Arbeit abzuliefern. Dann ließ er Jack Lawton das Substantiv *mare* deklinieren, und Jack Lawton blieb beim Ablativ Singular stecken und mit dem Plural fortfahren konnte er auch nicht.

»Du solltest dich deiner schämen«, sagte Pater Arnall streng. »Du, der Klassenerste!«

Dann fragte er den nächsten Jungen und den nächsten und den nächsten. Keiner konnte es. Pater Arnall wurde sehr leise, leiser und leiser, als ein Junge nach dem andern zu antworten versuchte und es nicht konnte. Aber sein Gesicht sah düster aus und seine Augen blickten starr, obwohl seine Stimme so leise war. Dann fragte er Fleming und Fleming sagte, dieses Wort hätte keinen Plural. Da knallte Pater Arnall das Buch zu und brüllte ihn an:

»Knie dich hier mitten in der Klasse hin. Du bist einer der Faulsten, die ich kenne. Schreibt eure Arbeiten noch einmal ab, ihr andern.«

Fleming bewegte sich schwerfällig von seinem Platz und kniete zwischen den letzten beiden Bänken. Die anderen Jungen beugten sich über ihre Arbeitshefte und begannen zu schreiben. Ein Schweigen legte sich über das Klassenzimmer und Stephen, der einen schüchternen Blick in Pater Arnalls dunkles Gesicht warf, sah, daß es ein wenig rot war von dem Harnisch, in dem er war.

Beging Pater Arnall damit eine Sünde, daß er in Harnisch kam, oder war es ihm erlaubt, in Harnisch zu kommen, wenn die Jungen faul waren, weil sie dadurch besser lernten, oder tat er nur so, als wäre er in Harnisch? Er wars, weil es ihm erlaubt war, weil ein Priester ja wüßte, was eine Sünde wäre, und sie nicht begehen würde. Aber wenn er sie auch nur einmal aus Irrtum beginge, was täte er dann, sie zu beichten? Vielleicht ginge er zum Kanzler zur Beichte. Und wenn der Kanzler sie beginge, ginge der zum Rektor: und der Rektor zum Provinzial: und der Provinzial zum General der Jesuiten. Das nannte man die Ordo: und er hatte seinen Vater sagen hören, sie wären alle kluge Männer. Sie alle hätten hochgestellte Menschen in der Welt werden können, wenn sie nicht Jesuiten geworden wären. Und er fragte sich, was Pater Arnall und Paddy Barrett geworden wären und was Mr. McGlade und Mr. Gleeson geworden wären, wenn sie nicht Jesuiten geworden wären. Was, das war schwer sich vorzustellen, weil man sie sich dann anders vorstellen müßte, mit andersfarbigen Röcken und Hosen und mit Voll- und Schnurrbärten und anderen Arten von Hüten.

Die Tür ging leise auf und zu. Ein rasches Geflüster lief durch die Klasse: der Studienpräfekt. Es gab einen Augenblick Totenstille und dann den lauten Knall eines

Bakels auf die letzte Bank. Stephens Herz hüpfte vor Angst.

»Braucht hier ein Junge Prügel, Pater Arnall?« schrie der Studienpräfekt. »Gibts faule und müßige Bärenhäuter in dieser Klasse, die Prügel brauchen?«

Er kam in die Mitte der Klasse und sah Fleming auf den Knien. »Hoho!« schrie er. »Wer ist der Junge? Warum ist er auf den Knien? Wie heißt du, Junge?«

»Fleming, Sir.«

»Hoho, Fleming! Ein Müßiggänger natürlich. Ich seh dir das an den Augen an. Warum ist er auf den Knien, Pater Arnall?«

»Er hat eine schlechte Lateinarbeit geschrieben«, sagte Pater Arnall, »und er konnte keine Grammatikfrage beantworten.«

»Natürlich nicht!« schrie der Studienpräfekt. »Natürlich nicht! Ein geborener Müßiggänger! Ich seh ihm das an den Augenwinkeln an.«

Er ließ seinen Bakel auf das Pult krachen und schrie: »Hoch, Fleming! Hoch, mein Junge!«

Fleming stand langsam auf.

»Streck vor!« schrie der Studienpräfekt.

Fleming streckte seine Hand vor. Der Bakel ging mit einem lauten Klatschgeräusch darauf nieder: eins, zwei, drei, vier, fünf, sechs.

»Andere Hand!«

Der Bakel ging wieder mit sechsfachem lautem raschem Klatschen nieder.

»Knie nieder!« schrie der Studienpräfekt.

Fleming kniete nieder und preßte mit schmerzverzerrtem Gesicht seine Hände unter die Achselhöhlen, aber Stephen wußte, wie hart seine Hände waren, weil Fleming immer Harz in sie einrieb. Aber vielleicht hatte er große Schmerzen, denn der Ton der Schläge war schrecklich. Stephens Herz pochte und flatterte.

»An die Arbeit, alles!« brüllte der Studienpräfekt. »Wir wollen hier keine faulen und müßigen Bärenhäuter, keine faulen müßigen kleinen Drückeberger. An die Arbeit, sag ich euch. Pater Dolan kommt jetzt jeden Tag und sieht nach euch. Pater Dolan kommt morgen wieder.« Er stach einen Jungen mit dem Bakel in die Seite und sagte:

»Du, Junge! Wann kommt Pater Dolan wieder her?«

»Morgen, Sir«, sagte Tom Furlongs Stimme.

Studienpräfekt. »Richtet euch drauf ein. Jeden Tag Pater Dolan. Schreibt weiter. Du, Junge, wer bist du?«

Stephens Herz machte einen plötzlichen Satz.

»Dedalus, Sir.«

»Warum schreibst du nicht wie die andern?«

»Ich ... meine ...«

Vor Angst konnte er nicht sprechen.

»Warum schreibt er nicht, Pater Arnall?«

»Er hat seine Brille zerbrochen«, sagte Pater Arnall, »und ich habe ihn von der Arbeit befreit.«

»Zerbrochen? Was höre ich da? Wie war doch dein Name?« sagte der Studienpräfekt.

»Dedalus, Sir.«

»Heraus, Dedalus. Fauler kleiner Drückeberger. Ich lese dir Drückeberger am Gesicht ab. Wo hast du deine Brille zerbrochen?«

Stephen stolperte in die Mitte der Klasse, blind vor Angst und Hast.

»Wo hast du deine Brille zerbrochen?« wiederholte der Studienpräfekt.

»Am Schlackenweg, Sir.«

»Hoho! Am Schlackenweg!« rief der Studienpräfekt. »Ich kenne diesen Trick.«

Stephen hob seine Augen verwundert und sah für einen Augenblick Pater Dolans weißgraues nicht junges Gesicht, seinen fast kahlen weißgrauen Kopf mit Flaum an den Seiten, die Stahlränder seiner Brille und seine farblosen Augen, die ihn durch die Gläser anblickten. Warum sagte er, er kenne diesen Trick?

»Fauler müßiger kleiner Bärenhäuter!« schrie der Studienpräfekt. »Meine Brille zerbrochen! Ein alter Schuljungentrick! Vor die Hand, augenblicklich!«

Stephen schloß die Augen und streckte seine zitternde Hand in die Luft, die Fläche nach oben. Er spürte, wie der Studienpräfekt sie einen Augenblick an den Fingern faßte, um sie gradezustrecken, und dann, wie der Ärmel der Soutane rauschte, als der Bakel zum Schlag erhoben wurde. Ein heißer brennender sengender kribbelnder Schlag wie der laute Knall eines entzweigebrochenen Stocks ließ seine zitternde Hand zusammenschrumpfen wie ein Blatt im Feuer: und bei dem Geräusch und dem Schmerz trieb es ihm brühheiße Tränen in die Augen. Sein ganzer Körper bebte vor Angst, sein Arm bebte und seine geschrumpfte brennende blauangelaufene Hand erbebte wie ein lockeres Blatt in der Luft. Ein Schrei sprang ihm auf die Lippen, ein Gebet um Freilassung.

Aber obwohl die Tränen seine Augen brühten und seine Glieder vor Schmerz und Angst zuckten, hielt er die heißen Tränen zurück und den Schrei, der seine Kehle brühte.

»Andere Hand!« brüllte der Studienpräfekt.

Stephen zog seinen versehrten und zuckenden rechten Arm weg und streckte die linke Hand vor. Der Soutanenärmel rauschte wieder, als der Bakel erhoben wurde, und ein lautes krachendes Geräusch und ein wilder wahnsinniger kribbelnder brennender Schmerz zog seine Hand mit Fingern und Innenflächen zu einer blauzukkenden Masse zusammen. Das brühheiße Wasser brach ihm aus den Augen und, brennend vor Scham und Qual und Angst, zog er seinen bebenden Arm in Panik weg und brach in ein Schmerzgewimmer aus. Sein Körper erbebte angstgelähmt und mit Scham und Wut spürte er, wie ihm der brühheiße Schrei aus der Kehle kam und wie die brühheißen Tränen ihm aus den Augen stürzten und die flammenden Backen hinunter.

»Knie nieder!« schrie der Studienpräfekt.

Stephen kniete rasch nieder und quetschte seine geschlagenen Hände in die Seiten. Wenn er daran dachte, daß sie geschlagen und, in einem einzigen Augenblick, schmerzverquollen waren, da taten sie ihm so leid, als wären es nicht seine eigenen sondern die von jemand anderem, die ihm leid täten. Und während er kniete, das letzte Schluchzen in der Kehle bezwang und den brennenden kribbelnden in die Seiten gequetschten Schmerz spürte, dachte er an die Hände, die er in die Luft gestreckt hatte, die Flächen nach oben, und an den festen

Griff des Studienpräfekten, als er die bebenden Finger gradegerichtet hatte, und an die geschlagene rot verquollene Masse aus Fingern und Innenfläche, die hilflos in der Luft erbebte.

»Und jetzt an die Arbeit, alles«, schrie der Studienpräfekt von der Tür aus. »Pater Dolan kommt jetzt jeden Tag und sieht nach, ob irgendein Junge, ein fauler und müßiger kleiner Bärenhäuter, Prügel braucht. Jeden Tag. Jeden Tag.«

Die Tür schloß sich hinter ihm.

Die verstummte Klasse schrieb weiter die Arbeiten ab. Pater Arnall erhob sich von seinem Platz und ging durch die Reihen, half den Knaben mit milden Worten und sagte ihnen die Fehler, die sie gemacht hatten. Seine Stimme war sehr mild und sanft. Dann ging er zu seinem Platz zurück und sagte zu Fleming und Stephen:

»Ihr könnt euch wieder setzen, ihr beiden.«
Fleming und Stephen erhoben sich, gingen zu ihren Plätzen und setzten sich. Stephen, scharlachrot vor Scham, öffnete mit einer schwachen Hand rasch ein Buch und beugte sich darüber, das Gesicht dicht auf der Seite.

Es war ungerecht und grausam, weil der Doktor ihm verboten hatte, ohne Brille zu lesen, und er hatte am Morgen an seinen Vater nach Hause geschrieben, daß er ihm eine neue schickte. Und Pater Arnall hatte gesagt, daß er nicht lernen müßte, bis die neue Brille käme. Dann vor der Klasse ein Drückeberger genannt und geschlagen zu werden, wenn er immer die Karte für den Ersten oder Zweiten bekam und Anführer der Yorkisten war! Wie konnte der Studienpräfekt wissen, daß es ein Trick wäre?

Er spürte den Griff der Finger des Präfekten, wie sie seine Hand gradegerichtet hatten, und zuerst hatte er gedacht, er wolle ihm die Hand geben, weil die Finger sanft und fest waren: aber dann, in der Sekunde, hatte er den Soutanenärmel rauschen und das Krachen gehört. Es war grausam und ungerecht, ihn dann noch in der Mitte der Klasse knien zu lassen: und Pater Arnall hatte zu ihnen beiden gesagt, sie könnten sich wieder setzen, ohne einen Unterschied zwischen ihnen zu machen. Er horchte auf Pater Arnalls leise und milde Stimme, wie er die Arbeiten korrigierte. Vielleicht tat es ihm jetzt leid und er wollte anständig sein. Aber es war ungerecht und grausam. Der Studienpräfekt war ein Priester, doch das war grausam und ungerecht. Und sein weißgraues Gesicht und die farblosen Augen hinter der stahlgeränderten Brille blickten grausam drein, weil er die Hand mit seinen festen sanften Fingern erst gradegerichtet hatte, und zwar um sie besser und lauter zu schlagen.

»Das ist eine ganz säuische Gemeinheit ist das«, sagte Fleming im Korridor, als die Klassen im Defilé zum Refektorium zogen, »einen für etwas zu schlagen, wofür man nichts kann.«

»Du hast doch wirklich deine Brille aus Versehn zerbrochen, oder?« fragte Nasty Roche.

Stephens Herz war von Flemings Worten erfüllt, und so antwortete er nicht.

»Aber ganz klar!« sagte Fleming. »Ich tät mir das nicht gefallen lassen. Ich ging rauf zum Rektor, mich über ihn beschweren.« [...]

Was er tun mußte, war einfach. Alles, was er tun

mußte, war, wenn das Essen zu Ende wäre und seine Reihe herauskäme, weiterzugehen, aber nicht hinaus in den Korridor, sondern die Treppe rechts hoch, die zum Schloß führte. Er mußte nichts als das tun: sich nach rechts wenden und schnell die Treppe hochgehen, und in einer halben Minute wäre er in dem niedrigen dunklen engen Korridor, der durchs Schloß zum Zimmer des Rektors führte. Und jeder hatte gesagt, daß es ungerecht war, sogar der aus Grammatik II, der das mit dem Senat und dem römischen Volk gesagt hatte. [...]

Ein alter Diener war am einen Ende des Treppenabsatzes am Fegen. Er fragte ihn, wo das Zimmer des Rektors wäre, und der alte Diener zeigte auf die Tür am anderen Ende und schaute ihm nach, als er da hinging und klopfte.

Es kam keine Antwort. Er klopfte noch einmal lauter und sein Herz machte einen Satz, als er eine gedämpfte Stimme sagen hörte:

»Herein!«

Er drehte den Knopf und öffnete die Tür und tapste nach dem Knopf der grünen Fries-Tür dahinter. Er fand ihn und schob sie auf und ging hinein.

Er sah den Rektor am Pult sitzen und schreiben. Ein Totenschädel stand auf dem Pult, und ein sonderbar feierlicher Geruch wie altes Sesselleder war im Zimmer.

Sein Herz schlug schnell, wegen dem feierlichen Ort, an dem er war, und der Stille des Zimmers: und er schaute auf den Schädel und in das freundliche Gesicht des Rektors.

»Nun, kleiner Mann«, sagte der Rektor, »was ist?«

Stephen schluckte das Ding in seiner Kehle hinunter und sagte:

»Ich habe meine Brille zerbrochen, Sir.«

Der Rektor öffnete den Mund und sagte:

»Oh!«

Dann lächelte er und sagte:

»Nun, wenn wir unsere Brille zerbrochen haben, müssen wir nach Hause schreiben wegen einer neuen.«

»Ich habe nach Hause geschrieben, Sir«, sagte Stephen, »und Pater Arnall hat gesagt, ich brauche nicht zu lernen, bis sie kommt.«

»Ganz recht!« sagte der Rektor.

Stephen schluckte wieder das Ding hinunter und tat was er konnte, daß Beine und Stimme nicht zitterten.

»Aber, Sir ...«

»Ja?«

»Pater Dolan ist heute dagewesen und hat mich geschlagen, weil ich die Arbeit nicht geschrieben habe.«

Der Rektor schaute ihn schweigend an, und er konnte spüren, wie ihm das Blut ins Gesicht stieg und die Tränen ihm in die Augen steigen wollten.

Der Rektor sagte:

»Dein Name ist doch Dedalus, nicht?«

»Ja, Sir.«

»Und wo hast du deine Brille zerbrochen?«

»Am Schlackenweg, Sir. Ein Junge ist aus dem Radschuppen gekommen und ich bin hingefallen und sie ist zerbrochen. Ich weiß nicht, wie der Junge heißt.«

Der Rektor schaute ihn wieder schweigend an. Dann lächelte er und sagte:

»Na nun, das war ein Irrtum; Pater Dolan hat das bestimmt nicht gewußt.«

»Aber ich habe ihm gesagt, daß ich sie zerbrochen hätte, Sir, und er hat mich geschlagen.«

»Hast du ihm auch gesagt, daß du nach Hause geschrieben hättest wegen einer neuen?« fragte der Rektor.

»Nein, Sir.«

»Na dann«, sagte der Rektor, »hat Pater Dolan nicht begriffen. Du kannst sagen, daß ich dich ein paar Tage vom Unterricht befreie.«

Aus Angst, sein Beben könnte ihn daran hindern, sagte Stephen rasch:

»Ja, Sir, aber Pater Dolan hat gesagt, daß er morgen wiederkommt und mich nochmal dafür schlägt.«

»Nun gut«, sagte der Rektor, »es ist ein Irrtum und ich werde selbst mit Pater Dolan sprechen. Ist es gut so?«

Stephen fühlte die Tränen seine Augen nässen und murmelte:

»Oh ja Sir, danke.«

Der Rektor streckte seine Hand über die Seite des Pults, an der der Schädel stand, und Stephen, der seine Hand einen Augenblick hineinlegte, fühlte eine kühle feuchte Innenfläche.

»Nun guten Tag«, sagte der Rektor, zog seine Hand weg und neigte den Kopf.

»Guten Tag, Sir«, sagte Stephen.

Er verneigte sich und ging leise aus dem Zimmer, vorsichtig und langsam die Türen schließend.

Aber als er an dem alten Diener auf dem Treppenabsatz vorüber und wieder in dem niedrigen engen dunklen

Korridor war, begann er schneller und schneller zu gehen. Schneller und schneller eilte er aufgeregt durch das Düster fort. Er stieß sich den Ellbogen gegen die Tür am Ende und ging, die Treppe hinuntereilend, rasch durch die beiden Korridore und hinaus in die Luft:

Er konnte die Schreie der Jungen auf den Spielfeldern hören. Er begann zu rennen und rannte, rascher und rascher rennend, quer über den Schlackenweg und kam am Spielfeld der dritten Klasse außer Atem an.

Die Jungen hatten ihn rennen sehen. Sie schlossen einen Ring um ihn herum, stießen einer gegen den andern, um zu hören.

»Erzähl schon! Erzähl schon!«

»Was hat er gesagt?«

»Bist du reingegangen?«

»Was hat er gesagt?«

»Erzähl schon! Erzähl schon!«

Er erzählte ihnen, was er gesagt hatte und was der Rektor gesagt hatte, und als er ihnen fertig erzählt hatte, schleuderten alle Jungen ihre Mützen wirbelnd hoch in die Luft und schrien:

»Hurraa!«

Sie fingen ihre Mützen und warfen sie wieder wirbelnd himmelhoch und schrien wieder:

»Hurraa! Hurraa!«

Sie machten eine Schaukel aus ihren verklammerten Händen und hievten ihn zwischen sich hoch und trugen ihn fort, bis er sich freistrampelte. Und als er ihnen ausgekommen war, tobten sie in alle Richtungen auseinander, schleuderten ihre Mützen wieder in die Luft und pfiffen, wie sie sich wirbelnd hochschraubten und schrien:

»Hurraa!«

Und da kam ein dreifaches Buh für Dolan, den Glatzkopf, und für Conmee ein dreifaches Hoch und sie sagten, er wäre der anständigste Rektor, den Clongowes je gehabt hätte.

Die Hochrufe erstarben in der sanften grauen Luft. Er war allein. Er war glücklich und frei: aber er würde in keiner Weise stolz Pater Dolan gegenüber sein. Er würde sehr leise und gehorsam sein: und er wünschte, er könnte etwas Freundliches für ihn tun, um ihm zu zeigen, daß er nicht stolz wäre.

Die Luft war sanft und grau und mild und der Abend kam. Der Geruch des Abends war in der Luft, der Geruch der Äcker auf dem Land, wo sie Steckrüben ausmachten, die sie schälten und aßen, wenn sie zu Major Barton hinausspazierten, der Geruch, der in dem Wäldchen hinter dem Pavillon war, wo es die Galläpfel gab.

Die Jungen übten langen Einwurf und Bowling Lobs und langsame Twisters. In der sanften grauen Stille konnte er den Aufschlag der Bälle hören: und von hier und von da durch die leise Luft das Geräusch der Schlaghölzer: pick, peck, pock, pack: wie Wassertropfen in einem Springbrunnen, die in das überschäumende Bekken sanft fallen.

JAMES JOYCE

Der Rektor sagt ruhig, daß es nicht nach meinem Willen gehe, sondern daß meine Mutter mich vom Schulbesuch abmelden müsse.

Ich meinte, meiner Mutter drohen und ihr zugleich etwas versprechen zu müssen, damit sie mich aus der Schule nähme, und meine Drohung war, daß ich im Bett liegen bleiben und nie wieder aufstehen würde, und mein Versprechen war, daß ich von der Schule befreit, Geld verdienen würde, um ihr zu helfen. Es wäre aber gar nicht nötig gewesen, meiner Mutter zu drohen und ihr etwas zu versprechen, denn sie war sich weniger als ich der Bedeutung dieses Schrittes bewußt und sie war vielleicht, allzu ermüdet vom Kampf um die Erhaltung unseres Lebens, bereit mich irgendetwas sein zu lassen, das sich selbst ernähren konnte, nur das, sie war gewillt, wenn auch entgegen der manchmal und besonders früher ihr erscheinenden Träume über meine Zukunft, mich etwas werden, mich in einen Stand gleiten zu lassen, auf dessen Angehörige sie als Mädchen, selbst noch als Frau, hochmütig herabgesehen hatte. Sie begriff nicht, daß ich ohne Standesbewußtsein war, weder zu den einen auf, noch zu den anderen hinunter blickte, sondern in allen möglichen Daseinsformen nur Verkleidungen sah, die mir nicht stehen würden. Schließlich aber glaubten wir beide, als wir darüber sprachen, an meine Behauptung, ich würde Geld verdienen. Und so meinte ich, in das Leben einzutreten und die Kindheit abzulegen wie einen unbequemen zu klein gewordenen Mantel.

WOLFGANG KOEPPEN

Dieses Gebäude, mitten in der Stadt und dadurch mitten in einer der schönsten Architekturen, die jemals geschaffen worden sind, ist mir nach und nach immer unerträglicher und plötzlich tatsächlich unmöglich geworden. Aber bevor ich es endgültig und aus eigenem Entschluß und gleichzeitig mit ihm auch das Internat in der Schrannengasse verlassen habe, war noch viel Unheil und Unglück durchzustehen gewesen. Mir schien damals, als sei ich der dritte im Bunde gewesen mit jenen zweien, an die ich gerade gedacht habe, an den verkrüppelten Architektensohn und an den Geografieprofessor Pittioni, aber zum Unterschied von den beiden, welchen man ihr Unglück in allem und jedem angesehen hatte, war mein eigenes Unglück tief in mir und in meinem von Natur aus in sich gekehrten Wesen verborgen gewesen, und der Vorteil solcher Wesensart ist, daß sein Unglück nicht erkannt ist und dadurch im großen und ganzen unbehelligt, während die andern beiden, der Architektensohn und der Geografieprofessor Pittioni, niemals unbehelligt gewesen waren, ihr ganzes Leben nicht, habe ich selbst mein Unglück immer unter der Oberfläche verstecken können, es unsichtbar machen können, und je unglücklicher ich gewesen bin, desto weniger von diesem Unglück war an mir und an (und in) meinem Wesen zu bemerken gewesen, und da sich mein Wesen nicht geändert hat, ist es heute wie damals, es gelingt mir fast immer, meinen tatsächlichen inneren Zustand zu verdecken mit einem nach außen gezeigten, der über meinen tatsächlichen inneren Zustand keinerlei Aufschluß gibt, diese Fähigkeit ist eine große Erleichterung. Ich ging zwar jeden Tag in der Frühe vom Internat in der Schrannengasse ins Gymnasium, aber ich wußte, daß ich nicht mehr lange diesen Weg gehen würde, aber von diesen in mir schon am intensivsten gedachten Gedanken hatte ich keinem Menschen Mitteilung gemacht, im Gegenteil bemühte ich mich jetzt, weil ich wußte, daß ich es aus freien Stücken, und die Folgen dieser kommenden Entscheidung waren mir mehr und mehr gleichgültig gewesen, auch meinen Großvater muß ich, so dachte ich, ganz einfach vor den Kopf stoßen, das Gymnasium und also auch das Internat und diese ganze Mittelschulzeit verlassen werde, wenn ich auch noch nicht genau wußte, auf welche Weise und unter welchen dann tatsächlichen Umständen, nur, daß es feststeht, daß ich diesem ganzen so viele Jahre mich nur peinigenden und erniedrigenden Zustand beenden werde, den Anschein erwecken, als wäre alles in Ordnung. Es hätte auffallen müssen, daß ich plötzlich diszipliniert gewesen und nur noch sehr selten aufgefallen war, der Präfekt und der ihm vorstehende Onkel Franz hatten mit mir schon länger keine Schwierigkeiten mehr gehabt, ich hatte mich plötzlich vollkommen untergeordnet und machte sogar Fortschritte in der Schule, aber alles nur in der Gewißheit, daß diese meine Leidenszeit bald beendet sein wird. Jetzt war ich auch oft allein und mit diesem Gedanken der Beendigung meiner Gymnasialzeit wie mit keinem zweiten beschäftigt, auf die beiden Stadtberge gestiegen und hatte mich dort oben stundenlang, unter einem Baum liegend oder auf einem Gesteinsbrocken hockend, der Beobachtung der Stadt, die aufeinmal auch für mich schön gewesen war, hingegeben. Die Leidenszeit der Mittelschulzeit war für mich jetzt nurmehr noch eine Frage der kurzen, wenn nicht kürzesten Zeit gewesen, innerlich war ich dieser Leidenszeit schon entkommen. Ende sechsundvierzig waren meine Großeltern und meine Mutter und mein Vormund mit den Kindern plötzlich über Nacht, weil sie Österreicher und nicht Deutsche sein wollten und das Ultimatum der deutschen Behörden, entweder die deutsche Staatsbürgerschaft anzunehmen über Nacht oder genauso über Nacht nach Österreich zurückzukehren, mit ihrer Rückkehr nach Österreich und also nach Salzburg beantwortet haben, nach Salzburg zurückgekommen. Ich hatte ihnen innerhalb von drei Tagen eine Wohnung in der Gegend von Mülln verschaffen und sie dort, in dieser Wohnung, aus Angst, von anderen Wohnungssuchenden aus dieser Wohnung vertrieben zu werden, verbarrikadiert, erwarten und empfangen können. Die chaotischen Verhältnisse, in welche wir alle durch den Entschluß, Österreicher zu bleiben und nicht Deutsche zu werden, gestürzt worden waren, ausnützend, war ich, nachdem ich das Internat längst verlassen hatte, noch einige Zeit in das Gymnasium gegangen und hatte mich eines Tages, nachdem ich mich längst innerlich vom Gymnasium gelöst hatte, tatsächlich mitten auf dem Wege in das Gymnasium, der mich durch die Reichenhallerstraße geführt hat, entschlossen, anstatt in das Gymnasium auf das Arbeitsamt zu gehen.

THOMAS BERNHARD

V
EROS

Es gibt Wünsche, die man nicht erfüllt wünscht,
weil sie einem zu lieb sind.
Gingen sie in Erfüllung, so verlören sie sich.

Robert Walser

Mir träumte einst von wildem Liebesglühn.

Heinrich Heine

Junge Leiden

Mir träumte einst von wildem Liebesglühn,
Von hübschen Locken, Myrten und Resede,
Von süßen Lippen und von bittrer Rede,
Von düstrer Lieder düstern Melodien.

Verblichen und verweht sind längst die Träume,
Verweht ist gar mein liebstes Traumgebild!
Geblieben ist mir nur, was glutenwild
Ich einst gegossen hab in weiche Reime.

Du bliebst, verwaistes Lied! Verweh jetzt auch,
Und such das Traumbild, das mir längst entschwunden,
Und grüß es mir, wenn du es aufgefunden –
Dem luftgen Schatten send ich luftgen Hauch.

HEINRICH HEINE

Wer den rechten Weg zu diesem Ziele gehn will, hub sie an, muß in seiner Jugend damit beginnen, sich den schönen Leibern zuzuwenden; und zwar soll er, wenn sein Führer ihn richtig leitet, zuerst an einem einzelnen die Leibesschönheit lieben und dabei schöne Gedanken hervorbringen; dann aber begreifen, daß die Schönheit am einen Leib der am andern Leib verschwistert ist, und daß, wenn es um das Schöne an einer Gestalt geht, es große Torheit wäre, die Schönheit an allen Leibern nicht für ein und dieselbe zu halten; hat er dies eingesehn, so wird er Leibesschönheit an allen Schönen lieben, in seiner heftigen Leidenschaft für einen einzelnen aber nachlassen, weil er ihm nun nicht mehr viel bedeutet.

Danach wird er die Seelenschönheit höher schätzen als die des Leibes, so daß es ihm genug ist, wenn jemand eine wohlgeartete Seele hat, sollte sein Äußeres auch wenig anziehend sein; er wird ihn dennoch lieben und umsorgen, und er wird solche Gedanken mit ihm zeugen, die junge Menschen besser machen können, und ⟨stets aufs neue⟩ danach suchen. Dadurch fühlt er sich veranlaßt, auch in den Handlungen, sowie in Sitten und Gesetzen das Schöne zu schauen und so wahrzunehmen, daß alle Schönheit miteinander verwandt ist: damit er die körperliche als etwas Geringes erkenne.

Von den Handlungen muß man ihn zu den Erkenntnissen führen, damit er auch deren Schönheit sieht und, nun schon im Anblick der Fülle des Schönen, nicht mehr der Einzelschönheit sklavisch dient, indem er sein Genügen an der Schönheit eines unreifen Knaben oder irgendeines Menschen oder einer einzigen Tätigkeit findet und dadurch minderwertig und kleinlich wird – nein! dem weiten Meer des Schönen sei er zugewandt und verharre in dessen Betrachtung; viele schöne und erhabene Reden wird er dann hervorbringen und Gedanken in unerschöpflichem Streben nach Weisheit, bis er, hierin gekräftigt und gereift, *eine* Erkenntnis erschaut, die Erkenntnis des Schönen.

Und dieses ist von folgender Art – versuche nun, sprach sie, mir mit der höchsten dir möglichen Geisteskraft zu folgen.

PLATON

Sali lehnte daher in aller Sicherheit an einem alten Scheunchen, etwa dreißig Schritte entfernt, und schaute unverwandt nach dem stillen wüsten Hause hinüber. Eine geraume Zeit lehnte und schaute er so, als Vrenchen unter die Haustür kam und lange vor sich hin blickte, wie mit allen ihren Gedanken an einem Gegenstande hängend. Sali rührte sich nicht und wandte kein Auge von ihr. Als sie endlich zufällig in dieser Richtung hinsah, fiel er ihr in die Augen. Sie sahen sich eine Weile an, herüber und hinüber, als ob sie eine Lufterscheinung betrachteten, bis sich Sali endlich aufrichtete und langsam über die Straße und über den Hof ging auf Vrenchen los. Als er dem Mädchen nahe war, streckte es seine Hände gegen ihn aus und sagte: Sali! Er ergriff die Hände und sah ihr immerfort ins Gesicht. Tränen stürzten aus ihren Augen, während sie unter seinen Blicken vollends dunkelrot wurde, und sie sagte: »Was willst du hier?« »Nur dich sehen!« erwiderte er, »wollen wir nicht wieder gute Freunde sein?« »Und unsere Eltern?« fragte Vrenchen, sein weinendes Gesicht zur Seite neigend, da es die Hände nicht frei hatte, um es zu bedecken. »Sind wir schuld an dem, was sie getan und geworden sind?« fragte Sali, »vielleicht können wir das Elend nur gut machen, wenn wir zwei zusammenhalten und uns recht lieb sind?« »Es wird nie gut kommen«, antwortete Vrenchen mit einem tiefen Seufzer, »geh in Gottes Namen deiner Wege, Sali!« »Bist du allein?« fragte dieser, »kann ich einen Augenblick hineinkommen?« »Der Vater ist zur Stadt, wie er sagte, um deinem Vater irgend etwas anzuhängen; aber hereinkommen kannst du nicht, weil du später vielleicht nicht so ungesehen weggehen kannst wie jetzt. Noch ist alles still und niemand um den Weg, ich bitte dich, geh jetzt!« »Nein, so geh ich nicht! Ich mußte seit gestern immer an dich denken, und ich geh nicht so fort, wir müssen miteinander reden, wenigstens eine halbe Stunde lang oder eine Stunde, das wird uns gut tun!« Vrenchen besann sich ein Weilchen und sagte dann: »Ich geh gegen Abend auf unsern Acker hinaus, du weißt welchen, wir haben nur noch den, und hole etwas Gemüse. Ich weiß, daß niemand weiter dort sein wird, weil die Leute anderswo schneiden; wenn du willst, so komm dorthin, aber jetzt geh und nimm dich in Acht, daß dich niemand sieht! Wenn auch kein Mensch hier mehr mit uns umgeht, so würden sie doch ein solches Gerede machen, daß es der Vater sogleich vernähme.« Sie ließen sich jetzt die Hände frei, ergriffen sie aber auf der Stelle wieder und beide sagten gleichzeitig: »Und wie geht es dir auch?« Aber statt sich zu antworten, fragten sie das gleiche aufs neue und die Antwort lag nur in den beredten Augen, da sie nach Art der Verliebten die Worte nicht mehr zu lenken wußten und, ohne sich weiter etwas zu sagen, endlich halb selig und halb traurig auseinandergingen. »Ich komme recht bald hinaus, geh nur gleich hin!« rief Vrenchen noch nach.

Sali ging auch alsobald auf die stille schöne Anhöhe hinaus, über welche die zwei Äcker sich erstreckten, und die prächtige stille Julisonne, die fahrenden weißen Wolken, welche über das reife wallende Kornfeld wegzogen, der glänzende blaue Fluß, der unten vorüberwallte, alles dies erfüllte ihn zum ersten Male seit langen Jahren wieder mit Glück und Zufriedenheit statt mit Kummer, und er warf sich der Länge nach in den durchsichtigen Halbschatten des Kornes, wo dasselbe Martis wilden Acker begrenzte, und guckte glückselig in den Himmel.

Obgleich es kaum eine Viertelstunde währte, bis Vrenchen nachkam, und er an nichts anderes dachte als an sein Glück und dessen Namen, stand es doch plötzlich und unverhofft vor ihm, auf ihn niederlächelnd, und froh erschreckt sprang er auf. »Vreeli!« rief er, und dieses gab ihm still und lächelnd beide Hände, und Hand in Hand gingen sie nun das flüsternde Korn entlang bis gegen den Fluß hinunter und wieder zurück, ohne viel zu reden; sie legten zwei- und dreimal den Hin- und Herweg zurück, still, glückselig und ruhig, so daß dieses einige Paar nun auch einem Sternbilde glich, welches über die sonnige Rundung der Anhöhe und hinter derselben niederging, wie einst die sicher gehenden Pflugzüge ihrer Väter.

GOTTFRIED KELLER

In einer jener Straßen, die ich später auf Wanderungen, die kein Ende nahmen, nachts durchstreifte, überraschte mich, als es an der Zeit war, das Erwachen des Geschlechtstriebs unter den sonderbarsten Umständen. Es war am jüdischen Neujahrstage und die Eltern hatten Anstalten getroffen, in irgendeiner gottesdienstlichen Feier mich unterzubringen. Wahrscheinlich handelte es sich um die Reformgemeinde, der meine Mutter aus Familientradition einige Sympathie entgegenbrachte, während meinem Vater von Hause aus der orthodoxe Ritus vertraut war. Er mußte aber nachgeben. Man hatte mich für diesen Feiertag einem entfernteren Verwandten anbefohlen, den ich abholen sollte. Aber sei es, daß ich dessen Adresse vergessen hatte, sei es, daß ich mich in der Gegend nicht zurechtfand – es wurde später und später und mein Umherirren immer aussichtsloser. Selbständig in die Synagoge mich zu trauen, konnte gar nicht in Frage kommen, denn mein Beschützer hatte die Einlaßkarten. An meinem Mißgeschicke trug die Hauptschuld Abneigung gegen den fast Unbekannten, auf den ich angewiesen war, und Argwohn gegen die religiösen Zeremonien, die nur Verlegenheit in Aussicht stellten. Da überkam mich, mitten in meiner Ratlosigkeit, mit einem Male eine heiße Welle der Angst – »zu spät, die Synagoge ist verpaßt« –, noch ehe sie verebbt war, ja genau im gleichen Augenblicke aber eine zweite vollkommener Gewissenlosigkeit – »das alles mag laufen wie es will, mich geht's nichts an«. Und beide Wellen schlugen unaufhaltsam im ersten großen Lustgefühl zusammen, in dem die Schändung des Feiertags sich mit dem Kupplerischen der Straße mischte, die mich hier zuerst die Dienste ahnen ließ, welche sie den erwachten Trieben leisten sollte.

WALTER BENJAMIN

Die Jagd war zu Ende. Im Schatten junger Birken wurde ein Teppich ausgebreitet, und auf dem Teppich saß die ganze Gesellschaft im Kreis. Der Büfettdiener Gawrilo, das grüne, saftige Gras niedertretend, wischte die Teller ab und reichte uns in Blätter gewikkelte Pflaumen und Pfirsiche aus einer Schachtel. Die Sonne schien durch die grünen Zweige der jungen Birken und warf tanzende runde Lichter auf die Arabesken des Teppichs, auf meine Beine und sogar auf Gawrilos schweißbedeckte Glatze. Der leichte Wind, der durch das Laub und über mein Haar und mein schweißnasses Gesicht lief, erfrischte mich außerordentlich.

Nachdem wir mit Gefrorenem und Obst bedacht worden waren, hatten wir auf dem Teppich nichts mehr zu tun und standen trotz der schrägen, glühenden Sonnenstrahlen auf, um spielen zu gehen.

Ljubotschka blinzelte in die Sonne, hüpfte im Gras umher und fragte: »Was wollen wir denn spielen? Robinson?«

»Nein ... das ist langweilig«, sagte Wolodja, der sich faul im Gras räkelte und Blätter kaute. »Immer Robinson! Wenn ihr unbedingt spielen wollt, dann laßt uns lieber eine Laube bauen.«

Wolodja wollte sich offenbar aufspielen: er war wohl stolz darauf, daß er ein Jagdpferd geritten hatte, und tat, als sei er sehr müde. Vielleicht besaß er auch schon zu viel nüchternen Verstand und zu wenig Phantasie, um das Robinsonspiel zu genießen. Dieses Spiel bestand darin, daß wir Szenen aus dem Schweizer Robinson darstellten, den wir kürzlich gelesen hatten.

»Ach, bitte ... warum willst du uns nicht diesen Gefallen tun?« bettelten die Mädchen. »Du kannst Charles oder Ernest sein oder der Vater, was du willst«, sagte Katenka und versuchte ihn am Jackenärmel von der Erde hochzuziehen.

»Nein, wirklich, ich mag nicht – es ist mir zu langweilig!« sagte Wolodja sich streckend und lächelte selbstgefällig.

»Dann würden wir besser zu Hause sitzen, wenn doch keiner spielen will«, sagte Ljubotschka weinend.

Die Tränen saßen ihr sehr locker.

»Na, dann kommt. Aber hör auf zu weinen, das kann ich nicht ausstehen!«

Wolodjas Herablassung freute uns wenig, sein gleichgültiges, gelangweiltes Gesicht nahm dem Spiel allen Reiz. Als wir uns auf die Erde setzten und uns vorstellten, daß wir zum Fischfang fahren wollten, und aus Leibeskräften zu rudern anfingen, saß Wolodja mit gekreuzten Armen da, in einer Haltung, die mit der eines Fischers nicht die geringste Ähnlichkeit hatte. Ich sagte ihm das; aber er antwortete, dadurch, daß wir mehr oder weniger mit den Armen herumfuhrwerkten, könnten wir nichts gewinnen oder verlieren, wir kämen ja doch nicht weiter. Ich gab ihm im stillen recht. Als ich tat, als ginge ich auf die Jagd, und mit einem Stock auf der Schulter zum Wald marschierte, legte sich Wolodja auf den Rükken, schob die Hände unter den Kopf und sagte zu mir, er ginge auch auf die Jagd. Sein Verhalten und seine

Worte kühlten unseren Spieleifer merklich ab und erregten unser großes Mißfallen, zumal wir im stillen zugeben mußten, daß Wolodja vernünftig handelte.

Ich weiß selbst, daß man mit einem Stock nicht schießen und keinen Vogel töten kann. Es ist eben ein Spiel. Wenn man so denkt, dann kann man auch nicht auf Stühlen fahren; und doch erinnert sich Wolodja selbst wohl noch daran, wie wir an langen Winterabenden einen Sessel mit Tüchern verhängten und ihn so zur Kutsche machten; der eine war der Kutscher, der andere der Lakai, die Mädchen setzten sich in die Mitte, drei Stühle waren unser Dreigespann – und wir machten uns auf den Weg. Und was für Abenteuer erlebten wir auf dieser Fahrt! Und wie vergnüglich und schnell vergingen die Winterabende! ...

Wenn man alles mit dem Maßstab der Wirklichkeit mißt, dann gibt es kein Spiel mehr. Und wenn es kein Spiel mehr gibt, was bleibt dann noch? ...

LEO N. TOLSTOI

Bis zu meinem zwölften Lebensjahr kann ich mich keiner Liebschaft entsinnen, außer meiner Zuneigung für ein kleines Mädchen namens Carmen, dem ich durch einen jüngeren Gefährten einen Brief zustellen ließ, darin ich ihm meine Liebe erklärte. Unter Berufung auf diese Liebe bat ich sie, mir ein Rendezvous zu gewähren. Mein Brief war ihr frühmorgens auf dem Schulweg übergeben worden. Die Erkorene war das einzige Mädchen, das mir glich, weil sie reinlich war und in Begleitung einer kleinen Schwester, wie ich mit meinem kleinen Bruder, zur Schule ging. Damit diese beiden Zeugen reinen Mund hielten, faßte ich den Plan, sie sozusagen miteinander zu verheiraten. Ich legte also meinem Brief im Namen meines Bruders, der des Schreibens noch unkundig war, einen anderen an Fräulein Fauvette bei. Meinem Bruder erklärte ich, daß ich mich zum Vermittler für ihn gemacht hätte und wie gut wir es getroffen hätten, gerade an zwei Schwestern zu geraten, die noch dazu so ausgefallene Vornamen trügen.

Kaum hatten meine Kameraden an ihren Pulten Platz genommen, während ich noch vor einem Wandschrank hockte, um in meiner Eigenschaft als Primus die Bücher zum Vorlesen herauszuholen, als der Direktor eintrat. Die Schüler erhoben sich. Er hielt einen Brief in der Hand. Mir wurde weich in den Knien, die Bücher fielen zu Boden, und während ich sie wieder zusammensuchte, sprach der Direktor mit dem Lehrer. Die Schüler in den ersten Bänken mußten wohl meinen Namen flüstern hören, denn schon drehten sie sich nach mir um, der ganz von Purpur übergossen im Hintergrund des Klassenzimmers stand. Endlich rief der Direktor mich zu sich, und um mich auf eine ausgesuchte Weise zu strafen, ohne, wie er meinte, meine Mitschüler dabei auf schlechte Gedanken zu bringen, gratulierte er mir, einen Brief von zwölf Zeilen ohne einen einzigen Fehler geschrieben zu haben. Er fragte mich, ob ich ihn auch wirklich allein geschrieben hätte, dann befahl er mir, ihm auf sein Zimmer zu folgen. Wir begaben uns aber nicht dorthin. Er kanzelte mich draußen im Hof ab, im strömenden Regen. Was meine moralischen Begriffe ziemlich durcheinander brachte, war der Umstand, daß er es für ein ebenso strafwürdiges Vergehen erachtete, das junge Mädchen (dessen Eltern ihm meine Liebeserklärung zugestellt hatten) kompromittiert, wie einen Bogen Briefpapier entwendet zu haben. Er drohte mir, das Blatt meinen Eltern zu schicken. Ich bat ihn flehentlich, dies nicht zu tun. Er gab nach, sagte jedoch, er werde den Brief aufheben und bei dem ersten Rückfall nicht umhinkönnen, meine Eltern von dem anstößigen Betragen ihres Sohnes zu unterrichten.

Diese Mischung von Frechheit und Schüchternheit führte die Meinen irre und täuschte sie, wie mir in der Schule meine leichte Auffassungsgabe, die zugleich Faulheit war, den Ruf eines guten Schülers eingetragen hatte.

Ich kehrte in die Klasse zurück. Der Professor begrüßte mich mit dem ironischen Ehrennamen eines Don Juan. Ich fühlte mich höchst geschmeichelt, daß er mir gegenüber den Titel eines Werkes anführte, das ich kannte und das meinen Kameraden noch unbekannt war. Sein »Guten Morgen, Don Juan« und mein verständnisvolles Lächeln veränderten die Haltung der Klasse zu mir. Vielleicht hatten meine Mitschüler schon erfahren, daß ich einen Jungen der untersten Klassen beauftragt hatte, einem Mädchen einen Brief zu überbringen. Dieser Junge hieß Messager: Ich hatte ihn nicht seines Namens wegen gewählt, aber dieser Name hatte mir immerhin Vertrauen eingeflößt.

Um ein Uhr hatte ich den Direktor angefleht, meinem Vater nichts zu verraten; um vier brannte ich vor Ungeduld, ihm alles zu erzählen. Nichts zwang mich dazu. Ich würde mir dieses Geständnis als Freimütigkeit auslegen. Und da ich wußte, daß mein Vater die Sache nicht tragisch nehmen würde, war ich schließlich entzückt, daß er meine Heldentat erführe.

Ich berichtete also, was vorgefallen war, und fügte voll Stolz hinzu, der Direktor habe mir (wie einem erwachsenen Manne) unbedingte Diskretion zugesichert. Mein Vater wollte wissen, ob dieser ganze Liebesroman nicht einfach aus der Luft gegriffen war. Er suchte daher den Direktor auf. Im Verlauf dieses Besuches kam er wie beiläufig auch auf mein Abenteuer zu sprechen, das er als einen Scherz bezeichnete. »Wie?« sagte der Direktor überrascht und ziemlich betreten; »er hat Ihnen das erzählt? Er hatte mich inständig gebeten, es zu verschweigen; er behauptete, Sie würden ihn sonst umbringen.«

Diese Lüge des Direktors diente ihm zur Entschuldigung; sie trug dazu bei, mein männliches Bewußtsein gewaltig zu heben.

RAYMOND RADIGUET

Der Haushalt kehrte zu seinem gewohnten Lebensstil zurück. Seine Mutter hatte keine Gelegenheit mehr, ihn zur Rede zu stellen, daß er sein Geld verschleudere. Auch er kehrte zu seinem alten Leben in der Schule zurück, und all seine neuartigen Unternehmungen fielen in Stücke. Das Commonwealth zerfiel, die Darlehensbank schloß ihre Tresore und Bücher mit einem spürbaren Verlust, die Lebensregeln, die er sich entworfen hatte, kamen außer Gebrauch.

Wie töricht seine Absicht gewesen war! Er hatte versucht, einen Damm der Ordnung und Eleganz gegen die ekle Drift des Lebens um ihn herum zu bauen und, durch Verhaltensregeln und aktive Interessen und neue Sohnesbeziehungen, das mächtige Branden der Driften in seinem Innern einzudämmen. Zwecklos. Von draußen wie von drinnen war das Wasser über seine Schranken geflossen: seine Driften begannen von neuem wildschäumend über die zermalmte Mole zu peitschen.

Klar sah er auch seine eigene nichtige Isolation. Nicht einen Schritt war er dem Leben derer, die er zu erreichen gesucht hatte, näher gekommen, noch hatte er eine Brücke über die rastlose Scham und die Erbitterung, die ihn von Mutter und Bruder und Schwester trennten, zu schlagen vermocht. Er spürte, daß er schwerlich dasselbe Blut hatte wie diese, sondern eher in der mystischen Verwandtschaftsbeziehung der Adoptivschaft zu ihnen stand, Adoptivkind und Adoptivbruder.

Er brannte darauf, die wilden Sehnsüchte seines Herzens, vor denen alles andere eitel und fremd war, zu stillen. Es kümmerte ihn wenig, daß er in Todsünde lebte, daß sein Dasein zu einem Netz von Ausflucht und Lüge geworden war. Außer dem ungestümen Verlangen in seinem Innern, die Ungeheuerlichkeiten, über denen er brütete, wahr zu machen, war ihm nichts heilig. Er ertrug zynisch die schandbaren Details seiner geheimen Tumulte, in denen er jubilierte, um mit Ausgiebigkeit jedwedes Bildnis zu schänden, von dem seine Augen angezogen worden waren. Bei Tag und bei Nacht bewegte er sich zwischen verzerrten Bildnissen der Außenwelt. Eine Gestalt, die ihm bei Tag spröd und unschuldig vorgekommen war, kam bei Nacht durch das gewundene Dunkel des Schlafs auf ihn zu, ihr Gesicht von geiler Gerissenheit verklärt, ihre Augen hell vor tierischer Wonne. Nur der Morgen quälte ihn mit seiner trüben Erinnerung an dunklen orgiastischen Tumult, seinem scharfen und demütigenden Geruch nach Übertretung.

Er nahm seine Streifzüge wieder auf. Die verschleierten Herbstnachmittage leiteten ihn von Straße zu Straße, wie sie ihn Jahre zuvor durch die stillen Alleen von Blackrock geleitet hatten. Doch keine Vision schmucker Vordergärten oder freundlicher Lichter in den Fenstern goß jetzt ihren zarten Einfluß über ihn aus. Nur zuweilen, in den Pausen seines Verlangens, wenn die Wollust, die ihn verzehrte, sanfterem Sehnen wich, kreuzte das Bild von Mercedes ganz im Hintergrund sein Gedächtnis. Wieder sah er das kleine weiße Haus und den Garten mit Rosenbüschen an der Straße, die in die Berge führte, und er erinnerte sich der traurig-stolzen Gebärde der Ablehnung, die er dort zu machen hätte, wie er, nach Jahren der Entfremdung und des Abenteuers, in dem mondbeschienenen Garten neben ihr stand. [...]

Er hatte sich in ein Labyrinth enger und schmutziger Sträßchen treiben lassen. Aus den eklen Gassen knallten heisere Tumulte und Streitereien an sein Ohr und die gezogenen Töne betrunkener Sänger. Er ging unverdrossen weiter und fragte sich, ob er ins Judenviertel geraten sei. Frauen und Mädchen in langen lebhaften Gewändern kreuzten die Straße von Haus zu Haus. Sie gingen müßig und waren parfümiert. Ein Zittern überkam ihn und seine Augen wurden trüb. Die gelben Gasflammen stiegen vor seiner verschwommenen Sicht gegen den dunstigen Himmel und brannten wie vor einem Altar. Vor den Türen und in den erleuchteten Fluren standen Gruppen, geschmückt wie zu einem Ritual. Er war in einer andern Welt: er war aus einem jahrhundertelangen Schlaf erwacht.

Er blieb mitten auf dem Fahrdamm stehen, sein Herz toste dabei in Aufruhr gegen seine Brust. Eine junge Frau in einem langen rosa Gewand legte ihm die Hand auf den Arm, um ihn aufzuhalten und sah ihm ins Gesicht. Sie sagte heiter:

– Guten Abend, Williechen!

Ihr Zimmer war warm und adrett. Eine große Puppe saß mit gespreizten Beinen in dem üppigen Sessel neben dem Bett. Er versuchte seine Zunge zum Sprechen zu bringen, damit er nicht befangen erschiene, wie er ihr zusah, als sie ihr Gewand löste, und die stolzen selbstbewußten Bewegungen ihres parfümierten Kopfes wahrnahm.

Als er schweigend in der Mitte des Zimmers stand,

ging sie auf ihn zu und umarmte ihn heiter und feierlich. Mit ihren runden Armen hielt sie ihn fest an sich gedrückt und er, wie er ihr in ernster Ruhe zu ihm erhobenes Gesicht sah und die warme Ruhe in ihrer Brust sich heben und senken spürte, wäre fast in hysterisches Weinen ausgebrochen. Tränen der Freude und der Erlösung glänzten in seinen entzückten Augen und seine Lippen öffneten sich, doch mochten sie nicht sprechen.

Sie fuhr ihm mit ihrer klimpernden Hand durch das Haar und nannte ihn einen kleinen Strick.

– Gib mir einen Kuß, sagte sie.

Seine Lippen mochten sich nicht senken, sie zu küssen. Er wollte fest in ihren Armen gehalten und gestreichelt werden, langsam, langsam, langsam. In ihren Armen spürte er war er plötzlich stark geworden und furchtlos und sicher. Aber seine Lippen mochten sich nicht senken, sie zu küssen.

Mit einer plötzlichen Bewegung bog sie seinen Kopf herunter und vereinigte ihre Lippen mit den seinen und er las die Bedeutung ihrer Bewegungen in ihren freimütigen zu ihm aufgehobenen Augen. Es war zuviel für ihn. Er schloß seine Augen und ergab sich ihr, Leib und Seele, und spürte von der Welt nichts als den dunklen Druck ihrer sanft sich öffnenden Lippen. Sie drückten auf sein Hirn wie auf seine Lippen, als wären sie das Gefährt undeutlicher Worte; und zwischen ihnen empfand er einen unbekannten und scheuen Druck, dunkler als das Zergehn in der Sünde, sanfter als Klang oder Ruch.

JAMES JOYCE

In meinem 16. Jahr, als ich des Geldmangels wegen wieder bei meinen Eltern lebte, nun ein Müßiggänger und aller Schule ledig, wuchs mir das Dorngestrüpp der Sinnlichkeit über den Kopf, und keine Hand war da, es auszureißen. Im Gegenteil, mein Vater, wie er nun einmal war, erzählte, als er beim Bäderbesuch die Zeichen durchbrechender Mannesreife und den Drang meines jungen Leibes bemerkt hatte, voll Vergnügen der Mutter davon. [...]

Und auch die Mutter, die freilich aus dem »Innern Babylons« schon geflohen war, aber an seinem Rande es doch nicht mehr so eilig hatte, sie ermahnte mich wohl zu einem züchtigen Leben, aber nicht so lag es ihr am Herzen, meinen Zustand, den sie aus der Erzählung ihres Mannes kannte und als Verderbnis und kommendes Unheil empfand, wenigstens in die Schranken ehelicher Liebe zu bannen, wenn sich das Schwärende schon nicht aufs gesunde Fleisch zurückschneiden ließe. Und das machte ihr nur deshalb keine Sorge, weil zu befürchten stand, die eheliche Fessel könnte die Hoffnung vereiteln, die man auf mich setzte, nicht die Jenseitshoffnung – die setzte meine Mutter auf Dich –, sondern die Hoffnung auf die wissenschaftliche Ausbildung: daß ich die mir erwürbe, darauf drangen meine Eltern allzusehr – der Vater, weil er an Dich überhaupt kaum dachte, an mich nur mit dem Kopf voll eitler Pläne, die Mutter, weil sie den üblichen Bildungsgang nicht nur für keinen Schaden hielt, sondern eher für eine Förderung auf dem Weg zu Dir.

AUGUSTINUS

Ja, ich liebte sie, denn so nannte ich, so nenne ich leider immer noch, was ich tat, zu jener Zeit. Ich hatte keine festen Vorstellungen davon, da ich vorher nie geliebt hatte, aber ich hatte natürlich darüber sprechen hören, zu Hause, in der Schule, im Bordell und in der Kirche, und ich hatte Romane gelesen, in Prosa und in Versen, unter der Leitung meines Hauslehrers, englische, französische, italienische und deutsche, in denen davon ausführlich die Rede war. Ich war folglich immerhin imstande, was ich tat, zu benennen, als ich mich plötzlich das Wort Lulu auf einen alten Färsenfladen schreiben sah, oder als ich beim Mondschein im Dreck liegend versuchte, die Brennesseln auszureißen, ohne ihre Stengel zu zerbrechen. Es waren Riesenbrennesseln, einige davon waren einen Meter hoch, ich riß sie aus, es verschaffte mir Erleichterung, und doch ist es nicht meine Art, Unkraut auszureißen, ganz im Gegenteil, ich überhäufte es noch und noch mit Mist, wenn ich welchen hatte. Die Blumen sind was anderes. Die Liebe macht einen grausam, das steht fest. Aber um welche Liebe handelte es sich eigentlich? Um leidenschaftliche Liebe? Ich glaube nicht. Denn die leidenschaftliche Liebe ist doch die Satyriasis, nicht wahr? Oder verwechsle ich sie mit einer anderen Spielart? Es gibt so viele davon, nicht wahr? Die einen sind noch schöner als die anderen, nicht wahr? Die platonische Liebe, zum Beispiel, das ist auch so eine, die mir gerade wieder einfällt. Sie ist uneigennützig. Vielleicht war meine Liebe zu ihr platonisch? Es fällt mir schwer, es zu glauben. Hätte ich ihren Namen in alte Kuhscheiße geschrieben, wenn meine Liebe zu ihr rein und uneigennützig gewesen wäre? Und dazu noch mit meinem Finger, den ich nachher ablutschte? Ach wo, ach wo. Ich dachte an Lulu, und wenn das nicht alles sagt, so sagt es genug, meiner Meinung nach. Ich habe übrigens die Nase voll von diesem Namen Lulu, und ich werde ihr sofort einen anderen geben, einen einsilbigen diesmal, zum Beispiel Anne, er ist nicht einsilbig, aber das macht nichts. Also dachte ich an Anne, ich, der gelernt hatte, an nichts zu denken, es sei denn an meine Leiden, sehr schnell, und dann an die Maßnahmen, die zu ergreifen sind, um nicht vor Hunger zu sterben, oder vor Kälte, oder vor Scham, aber niemals und unter keinerlei Vorwand an Lebewesen als solche (ich frage mich, was das bedeuten soll), was ich auch immer habe sagen mögen, oder womöglich sagen werde, diesbezüglich. Denn ich habe immer von Dingen gesprochen und ich werde immer von Dingen sprechen, die nie existiert haben, oder, wenn Sie wollen, die existiert haben und die vermutlich immer existieren werden, aber nicht so, wie ich es mir denke. Die Käppis, zum Beispiel, existieren ja doch, und es besteht wenig Hoffnung, daß sie je verschwinden, aber ich habe nie ein Käppi getragen. Ich habe irgendwo geschrieben, Sie gaben mir ... einen Hut. Und doch gaben »sie« mir nie einen Hut, ich habe meinen eigenen Hut immer behalten, denselben, den mein Vater mir gegeben hatte, und ich habe nie einen anderen Hut gehabt als eben diesen. Er ist mir übrigens in den Tod gefolgt. Also ich dachte an Anne, viel, viel, zwanzig Minuten, fünfundzwanzig Minuten, ja bis zu einer halben Stunde pro Tag. Ich erhalte diese Zahlen, indem ich andere, kleinere Zahlen zusammenzähle. Das mußte meine Art zu lieben sein. Ist daraus zu schließen, daß meine Liebe zu ihr jene intellektuelle Liebe war, die mir schon so viele Dummheiten abgenötigt hat, an einer anderen Stelle? Ich kann es nicht glauben. Denn wenn meine Liebe zu ihr von dieser Art gewesen wäre, hätte ich mich dann damit vergnügt, das Wort Anne in uralten Rinderkot zu kratzen? Und mit beiden Händen Brennesseln auszureißen? Und hätte ich unter meinem Schädel ihre Schenkel beben fühlen, wie zwei besessene Kopfpolster? Um dieser Lage ein Ende zu bereiten, um zu versuchen, ihr ein Ende zu bereiten, begab ich mich eines Abends an die Stelle, wo die Bank stand, um die gleiche Stunde, da sie einst zu mir zu stoßen pflegte.

SAMUEL BECKETT

Am 10. Mai.

Eine wunderbare Heiterkeit hat meine ganze Seele eingenommen, gleich den süßen Frühlingsmorgen, die ich mit ganzem Herzen genieße. Ich bin allein und freue mich meines Lebens in dieser Gegend, die für solche Seelen geschaffen ist wie die meine. Ich bin so glücklich, mein Bester, so ganz in dem Gefühle von ruhigem Dasein versunken, daß meine Kunst darunter leidet. Ich könnte jetzt nicht zeichnen, nicht einen Strich, und bin nie ein größerer Maler gewesen als in diesen Augenblicken. Wenn das liebe Tal um mich dampft und die hohe Sonne an der Oberfläche der undurchdringlichen Finsternis meines Waldes ruht und nur einzelne Strahlen sich in das innere Heiligtum stehlen, ich dann im hohen Grase am fallenden Bache liege und näher an der Erde tausend mannigfaltige Gräschen mir merkwürdig werden; wenn ich das Wimmeln der kleinen Welt zwischen Halmen, die unzähligen, unergründlichen Gestalten der Würmchen, der Mückchen näher an meinem Herzen fühle, und fühle die Gegenwart des Allmächtigen, der uns nach seinem Bilde schuf, das Wehen des Allliebenden, der uns in ewiger Wonne schwebend trägt und erhält; mein Freund! wenns dann um meine Augen dämmert und die Welt um mich her und der Himmel ganz in meiner Seele ruhn wie die Gestalt einer Geliebten – dann sehne ich mich oft und denke: ach könntest du das wieder ausdrücken, könntest du dem Papiere das einhauchen, was so voll, so warm in dir lebt.

JOHANN WOLFGANG GOETHE

VI
AUFBRUCH UND TRENNUNG

Ein Knabe ist weniger feige als ein Mann,
weil er weniger reif ist,
denn die Reife macht leicht niederträchtig
und selbstisch.

Robert Walser

Ich wußte nicht, wo ich ging
noch wohin ich wollte,
und machte daher einen schweren Weg.

Johann Wolfgang Goethe

Der Aufbruch

Ich befahl mein Pferd aus dem Stall zu holen. Der Diener verstand mich nicht. Ich ging selbst in den Stall, sattelte mein Pferd und bestieg es. In der Ferne hörte ich eine Trompete blasen, ich fragte ihn, was das bedeutete. Er wußte nichts und hatte nichts gehört. Beim Tore hielt er mich auf und fragte: »Wohin reitet der Herr?« »Ich weiß es nicht«, sagte ich, »nur weg von hier, nur weg von hier. Immerfort weg von hier, nur so kann ich mein Ziel erreichen.« »Du kennst also dein Ziel«, fragte er. »Ja«, antwortete ich, »ich sagte es doch. Weg von hier – das ist mein Ziel.«

FRANZ KAFKA

Tom zögerte nun nicht länger. Er glaubte sich verlassen und ohne Freunde auf der Welt. Niemand liebte ihn. Wenn sie merken würden, wozu sie ihn mit ihrer Lieblosigkeit getrieben hatten, würden sie vielleicht betrübt sein. Er hatte sich bemüht, das Rechte zu tun und brav zu werden; aber man ließ ihn nicht. Da man sich durchaus von ihm befreien wollte, mochte es so sein. Und man würde ihn für die Folgen verantwortlich machen – warum auch nicht? Welches Recht haben Freudlose, sich zu beklagen? Ja, sie hatten ihn zum Äußersten getrieben. Er würde ein Leben voll Verbrechen führen; 's gab keine Wahl.

Unter solchen Betrachtungen war er weit hinaus in die Felder gewandert, und die Schulglocke tönte schwach an sein Ohr – sie wollte ihn wohl zurückhalten: Er seufzte bei dem Gedanken, nie, nie wieder den altvertrauten Ton hören zu sollen – es war sehr hart, aber es mußte sein. Da kamen Tränen, schwer und bitter.

Gerade in diesem Augenblick begegnete ihm sein Busenfreund Joe Harper – mit trüben Augen und zweifellos auch einen großen, schrecklichen Entschluß im Herzen. Offenbar waren hier »zwei Seelen und ein Gedanke«. Tom trocknete seine Augen mit dem Ärmel, begann, etwas herauszustottern von seinem Entschluß, der grausamen und lieblosen Behandlung zu entfliehen, in die weite Welt zu gehen und nie wiederzukommen. Er schloß damit, daß er hoffe, Joe werde ihn nicht vergessen.

Aber es zeigte sich, daß Joe im Begriff gewesen, an Tom das gleiche Verlangen zu stellen, und daß er ihn zu diesem Zweck gesucht hatte. Seine Mutter hatte ihn geprügelt, weil er Rahm getrunken haben sollte, den er nie gesehen, von dem er überhaupt gar nichts wußte; es war klar: sie mochte ihn nicht mehr und wollte nichts mehr von ihm wissen, sie wollte ihn einfach los sein. Da sie es so wollte, konnte er nichts anderes tun als ihren Wunsch erfüllen. Er hoffte, sie würde glücklich sein und nie bereuen, daß sie ihren armen Jungen in die fühllose Welt hinausgetrieben hatte, zu leiden und zu sterben.

Während die beiden Burschen trübselig weiterschlichen, schlossen sie einen Bund; sie schworen sich, einander beizustehen, Brüder zu sein und sich nie zu trennen, bis sie der Tod einst von ihren Kümmernissen erlösen werde. Dann begannen sie, Pläne zu schmieden. Joe war dafür, Einsiedler zu werden, in einer elenden Hütte auf Stroh zu liegen, um einmal vor Kälte, Not und Kummer zu sterben. Aber nachdem er Tom angehört hatte, sah er ein, daß ein Verbrecherleben voll von aufregenden Abenteuern vorzuziehen sei, und stimmte zu, Pirat zu werden.

Drei Meilen unterhalb von St. Petersburg, an einer Stelle, wo der Mississippi die beträchtliche Breite von einer Meile aufweist, war eine lange, schmale, bewaldete Insel, deren Spitze in eine Sandbank auslief. Sie war unbewohnt, lag fern der heimatlichen Küste, gegenüber einem dichten und völlig unbewohnten dickichtartigen Wald. So fiel ihre Wahl auf die Jackson-Insel. Wer dort ihren Seeräubereien zum Opfer fallen sollte, bekümmerte sich nicht weiter. Dann suchten sie Huckleberry Finn auf, und er verband sich mit ihnen sofort, denn ihm war jede Karriere recht; er war nicht wählerisch. Sie trennten sich einstweilen, um sich an einer einsamen Stelle des Flußufers, zwei Meilen oberhalb des Ortes, um ihre Lieblingsstunde, das heißt, um Mitternacht, wieder zu treffen. Es befand sich dort ein kleines Holzfloß, das sie zu kapern beschlossen. Jeder sollte Haken und Stricke mitbringen und solchen Proviant, den er auf möglichst unauffällige und geheime Weise würde stehlen können – wie es sich für Ausgestoßene schickt. Und bevor noch der Nachmittag vorbei war, war es ihnen gelungen, im ganzen Städtchen das Gerücht zu verbreiten, man werde bald Merkwürdiges von ihnen hören. Alle, denen diese geheimnisvolle Mitteilung wurde, hatte man gebeten, »den Mund zu halten und abzuwarten«.

Gegen Mitternacht kam Tom mit einem geräucherten Schinken und ein paar Kleinigkeiten an und versteckte sich im dichten Gestrüpp. Die Nacht war sternklar und totenstill, der gewaltige Strom lag ruhig – gleich einem Ozean. Tom lauschte einen Augenblick, aber kein Laut störte die Stille. Dann ließ er ein langgezogenes Pfeifen ertönen. Es wurde von unten beantwortet. Tom pfiff nochmals; auch dieses Signal wurde ebenso erwidert. Dann fragte eine leise Stimme: »Wer ist da?«

»Tom Sawyer, der ›Schwarze Rächer des spanischen Meeres‹. Nennt eure Namen!«

»Huck Finn, ›der Bluthändige‹, und Joe Harper, ›der Schrecken der Meere‹.« Tom hatte diese Namen aus seinen Lieblingsbüchern gewählt.

»'s ist gut. Gebt die Losung!«

Zwei heisere Stimmen stießen gleichzeitig das schreckliche Wort in die Nacht hinaus: »Blut!«

Darauf ließ Tom seinen Schinken über den Abhang hinunterrollen und kollerte selbst hinterher, wobei Kleider und Haut in Mitleidenschaft gezogen wurden. Es gab zwar einen bequemen, leichten Weg die Küste entlang bis unterhalb des Ufervorsprungs; aber dem mangelte es an Schwierigkeit und Gefahr, Eigenschaften, die Seeräuber so sehr schätzten.

Der Schrecken der Meere hatte eine Speckseite mitgebracht und hatte sich an ihr fast einen Bruch geschleppt. Finn, der Bluthändige, hatte einen kleinen Kessel gestohlen und eine Anzahl halb trockener Tabakblätter, auch ein paar Maiskolben, um Pfeifen daraus zu machen. Aber keiner der Piraten rauchte oder kaute – außer ihm selbst. Der Schwarze Rächer des spanischen Meeres sagte, man könne ohne Feuer nichts anfangen. Das war ein weiser Gedanke; Zündhölzer waren zu der Zeit noch nicht sehr bekannt. Auf einem großen Floß, hundert Meter oberhalb, sahen sie ein Feuer flackern. Sie schlichen heimlich hin und verschafften sich einen Holzbrand. Sie machten eine bedeutende Unternehmung daraus. Alle zwei bis drei Schritt hielten sie inne, legten den Finger an die Lippen und machten »Pst«, und ihre Hände umschlossen eingebildete Schwertknäufe, und sie gaben flüsternd den Befehl, den Feind umzulegen, wenn er angreifen sollte; denn »ein toter Mann ist ein stummer Mann«. Sie wußten allerdings ganz gut, daß alle Schiffer im Städtchen waren, entweder um zu schlafen oder um zu trinken. Das war aber kein Grund für sie, diese Sache in nicht zünftiger Weise zu betreiben.

Zurückgekehrt, fuhren sie sogleich ab. Tom führte das

Kommando, Huck stand hinten am Steuer, Joe vorn. Tom stand in der Mitte, finsteren Blickes und mit verschränkten Armen, und gab mit lauter, strenger Stimme seine Befehle.

»Luven. Bringt das Schiff vor den Wind!«

»Ist geluvt, Kapitän!«

»Haltet euch ran, Jungs!!«

»Zu Befehl, Kapitän!«

»'nen Strich nach Backbord abfallen lassen!«

»Abgefallen ist, Kapitän!«

Da sie so beständig und eintönig auf die Mitte des Stromes zutrieben, war es selbstverständlich, daß diese Befehle nur der Form halber gegeben wurden und im Grunde nichts zu bedeuten hatten. »Was für Segel führt's Schiff?«

»Großsegel, Toppsegel und Klüversegel, Kapitän.«

»Bramsegel raus! Bringt's vor den Wind, sechs von euch an die Vortoppmarssegel! Vorwärts, Leute, lustig!!«

»Zu Befehl, Kapitän!«

»Marssegel runter! Schoten und Brassen! Vor-wärts, Jungens!«

»Zu Befehl, Kapitän!«

Das Floß trieb jetzt in der Mitte des Stroms. Der Fluß ging nicht sehr hoch, so betrug die Geschwindigkeit nicht mehr als zwei bis drei Meilen. Während der nächsten dreiviertel Stunden wurde kein Wort gesprochen. Jetzt fuhr das Floß am Städtchen vorbei. Zwei oder drei Lichtpunkte zeigten, wo es lag, friedlich schlafend, dicht an der breiten Fläche des sternbeschienenen Flusses, ohne Ahnung von dem Unerhörten, das hier seinen

Anfang nahm. Der Schwarze Rächer stand unbeweglich, die Arme über der Brust gekreuzt, und warf einen letzten Blick auf den Schauplatz seiner glücklichen Jugend und seiner letzten Leiden. Er wünschte nichts sehnlicher, als daß »sie« ihn hier sehen könnte, draußen auf der wilden See, Gefahr und Tod mit furchtlosem Herzen ins Angesicht schauend, wie er mit einem grimmigen Lächeln auf den Lippen seinem Schicksal entgegenfuhr. Um zwei Uhr morgens landete das Floß auf der Sandbank, zweihundert Meter oberhalb der Spitze der Insel, und sie wateten hin und her, bis sie ihre Ladung geborgen hatten. Zu dem kleinen Floße gehörte auch ein altes Segel, das spannten sie in den Büschen an einer abgelegenen Stelle auf, um ihre Vorräte darunter zu bergen. Sie selbst aber wollten bei gutem Wetter unter freiem Himmel schlafen, wie es Ausgestoßenen geziemt.

Sie entzündeten ein Feuer am Fuße eines gewaltigen abgestorbenen Baumstammes, zwanzig bis dreißig Schritt in der düsteren Tiefe des Waldes, brieten darauf Speck zum Abendessen und verzehrten die Hälfte des mitgebrachten Röstbrotes.

Sie empfanden es als einen großartigen Spaß, in dieser ungebundenen Weise im jungfräulichen Wald eines unentdeckten und unbewohnten Eilandes zu schmausen, fern von den Menschen, und sie nahmen sich vor, nie wieder in die Hürden der Zivilisation zurückzukehren. Das flackernde Feuer erhellte ihre Gesichter und warf seinen roten Schein auf die Baumsäulen ihres Waldtempels, auf das Laubwerk und das Gewirr der Schlinggewächse. Als die letzte knusprige Griebe den Weg alles

Eßbaren gegangen war, streckten sich die Burschen voller Behagen im Grase aus. Sie hätten einen kühleren Platz finden können, aber sie wollten sich nicht des romantischen Vergnügens berauben, am prasselnden Lagerfeuer zu rösten.

»Ist das nicht fein?« fragte Joe.

»Herrlich ist's!« bestätigte Tom.

»Was würden die Jungs sagen, wenn sie uns sehen könnten?«

»Sagen? Na, die würden sonst was drum geben, wenn sie hier sein könnten – nicht Hucky?«

»Glaub ich auch«, brummte Hucky. »Mir gefällt's. Möchte nirgends sein als hier. Hab' niemals genug zu essen gehabt – und hier kann niemand kommen und mich 'nen Landstreicher nennen und anschnauzen.«

»'s ist grad ein Leben für mich«, bekräftigte Tom. »Man braucht morgens nicht aufzustehen, braucht nicht zur Schule zu gehen, sich nicht zu waschen und ähnlichen Blödsinn zu machen. Du siehst, Joe, ein Pirat braucht nichts zu tun, solange er an Land ist; aber ein Einsiedler, der muß immerfort beten, und hat nicht mal Spaß daran, denn er ist immer so allein!«

MARK TWAIN

Es kam einer zu Jesus und fragte: Meister, was muß ich Gutes tun, um das ewige Leben zu gewinnen? Er antwortete: Was fragst du mich nach dem Guten? Nur einer ist »der Gute«. Wenn du aber das Leben erlangen willst, halte die Gebote!

Darauf fragte er ihn: Welche? Jesus antwortete: *Du sollst nicht töten, du sollst nicht die Ehe brechen, du sollst nicht stehlen, du sollst nicht falsch aussagen; ehre Vater und Mutter!* Und: *Du sollst deinen Nächsten lieben wie dich selbst!* Der junge Mann erwiderte ihm: Alle diese Gebote habe ich befolgt. Was fehlt mir jetzt noch?

Jesus antwortete ihm: Wenn du vollkommen sein willst, geh, verkauf deinen Besitz und gib das Geld den Armen; so wirst du einen bleibenden Schatz im Himmel haben; dann komm und folge mir nach.

Als der junge Mann das hörte, ging er traurig weg; denn er hatte ein großes Vermögen.

MATTHÄUS 19,16-22

Zwischen den Jüngern und den wahren Jüngern ist ein beträchtlicher Unterschied. Man erkennt sie, wenn man ihnen sagt, daß die Wahrheit sie erlösen würde. Denn wenn sie antworten, sie wären frei und an ihnen läge es, sich den Banden Satans zu entziehen, so sind sie wohl Jünger, aber nicht wahre Jünger.

BLAISE PASCAL

Indem ich meine Bilder vor Jacques aufsteigen ließ, wurde ich daran erinnert, daß ich ein anderes Leben besaß, ein anderes Leben als das Leben zwischen den Musterkatalogen und Stoffrollen, und dieses andere Leben, mein eigenes Leben, nahm eine solche Leuchtkraft an, daß mir der Atem stocken wollte. Ich schilderte Jacques meine Visionen von apokalyptischen Landschaften mit Feuersbrünsten, fliehenden Tieren, Ertrinkenden und vergehenden Städten, meine Visionen von Gekreuzigten und Gegeißelten, von schrecklichen Fratzen und verführerischen Frauengesichtern. Die auftauchenden Bilder erweiterten sich vor uns und nahmen uns in ihrer Tiefe auf, wir durchwanderten die altertümlichen Städte und felsigen Einöden, die Ruinenhallen und verzauberten Gärten. Jacques baute weiter an den Landschaften. Überall fanden wir Formen, Töne, Zusammenhänge. Zuweilen wurden wir von einem wilden Gelächter ergriffen, es war ein Gelächter, das sich wie durch eine gesprengte Verdämmung vorbrach. Wir saßen nebeneinander an einem Tisch in einem Café in einem Keller an einer verregneten Straße in einer riesigen Stadt in einem fremden Land in der unendlichen Welt und lachten, daß uns die Tränen über das Gesicht liefen. Geschüttelt vom Gelächter erzählte ich von meinem Dasein im Kontor, von meinem Dasein im Elternhaus, das Leben das ich dort führte war so unwahrscheinlich, daß ich nur darüber lachen konnte. In meinem Gespräch mit Jacques verlor ich plötzlich alle Furcht vor dem Leben, alles war mir möglich. Jacques hatte sich schon freigeschlagen, er hatte sich schon seine verzehrende Freiheit erobert. Er hatte sich der Offenheit und den Wunden ausgesetzt. In seinem Leben gab es das Wilde, Unbändige, nach dem ich suchte, aber auch den Hunger und die Not. In seiner Gegenwart kroch ich aus meinem Kokon hervor, und steigerte meine Farben und machte meine Gedanken schillernd und ausschweifend, und so spannen wir voreinander unsere Welten hin und gaben einander rebusartige Einblicke in unsere Vergangenheit, unsere Träume, unsere Zukunftswünsche. Ich sah Baugerüste auf denen Jacques balancierte, ich sah ihn in einem Nachtcafé die Violine spielen, ich sah die Violine im Pfandhaus verschwinden. Jacques zeigte mir das Haus in dem er aufgewachsen war, die weite Torhalle durch die er floh, zu den Seiten Türen aus geschnitztem Eichenholz, Spiegel, bleigefaßte, farbige Fenster. Hinter ihm ein altersgrauer Diener in roter Livrée, im Park die Hunde, die ihm bis zum Tor nachsprangen. Das geschmiedete Gitter, die eisernen Rosen, die schwere Klinke, dann die Landstraßen. Umgeben von unsern Bildern gingen wir durch die Stadt, der Regen war versiegt, die sinkende Sonne durchstrahlte den Rauch, und immer wieder brach der Katarakt des Gelächters auf, alles wogte wie in den Spiegeln eines Lachkabinetts. Ein Strahlenkranz von Perspektiven umgab uns, unsere Zukunft lag offen, ich sah weite Wände vollbehängt mit meinen Bildern und Jacques dirigierte seine Orchester. Im Zug, auf dem Weg zu dem Vorort, in dem ich bei meinen Eltern wohnte, verwandelten sich die Grundbestandteile unseres Wesens zu Musik, im Rhythmus der Räder waren wir tönende Instrumente, und oben in meinem Zimmer unterm schrägen Dach bauten wir mit unseren Stimmen eine Fuge aus dem Rohmaterial unserer Hoffnungen. [...]

Am dreizehnten Tag begleitete ich Jacques, der bei mir übernachtet hatte, zum Bahnhof. Ich weiß nicht, warum er in die Stadt fahren wollte, vielleicht war irgendeine Arbeitsmöglichkeit aufgetaucht, vielleicht war er meiner müde. Jetzt ist dieser Morgen ganz durchsetzt vom Gefühl des Abschieds, dieser englische Sommermorgen, mit schimmerndem Sonnenlicht im Frühnebel, mit dem schläfrigen Klappern einer Mähmaschine und dem fernen Schlürfen von den Hufen eines Pferdes. Da lag die Blechpistole meines Bruders auf dem Gartenweg, ich hob sie auf, nahm sie mit, Jacques sprach von Spanien, vom Bürgerkrieg, vielleicht äußerte er den Gedanken, daß er in die internationale Brigade eintreten wolle. [...]

Nach Jacques Verschwinden wurde ich wieder zu einem Möbel im gemeinsamen Haushalt, ich stand an meinem vorgeschriebenen Platz, und als wir übersiedelten in die böhmische Stadt, in der meinem Vater die Leitung einer Textilfabrik übertragen worden war, ließ ich mich mit verfrachten. Da lag ich abends im Wohnzimmer unter dem Tisch, mit dem Hund, ich drückte den Kopf des Hundes eng an mich, spürte seinen warmen Atem auf meinem Gesicht, griff mit meinen Händen in sein weiches Fell. Du, Harras, flüsterte ich, und der Schäferhund legte seine Pfote auf meinen Arm und blickte mich mit seinen großen schwarzen Augen an, und seine Zunge schleckte mich. Aus der Tiefe sah ich meinen Vater im Lehnstuhl sitzen und in der Zeitung blättern, und am Nähtisch meine Mutter, die Hand mit der Nadel auf und abgleitend. Auf dem Sofa, abgerückt in der Zimmerecke, saß mein Bruder mit seinen Schulbüchern, und in einer anderen Ecke neigte meine Schwester Irene ihre kurzsichtigen Augen über einen Brief. Das Zimmer war warm und sauber, weiße Gardinen hingen an den Fenstern, die Bücher standen ausgerichtet in den Regalen, im Flur tickte die Uhr. Auch ich war als Teil des repräsentativen Ganzen gedacht. Das Bild des Ganzen stand ein für alle Male fest. Das Stück, das ich in diesem Heim war, war geputzt und hergerichtet worden, der Schmutz, der ständig an mir niedertroff, war immer wieder abgewischt worden. Nie wurde danach gefragt, woher dieser peinliche Unrat kam, der aus mir hervorsikkerte, es wurde nur gerieben, gebürstet und poliert an mir, unermüdlich, so daß man den Schandfleck nicht sah. Als meine Mutter zu mir herabblickte, über den Rand ihrer Brillengläser, durchsiedete mich ein Schmerz, und etwas wollte mich zwingen, zu ihr zu kriechen und ihre Hand zu lecken. Ich hielt mich fester an den Hund an, wir gehörten zueinander in unserer Stummheit. Nichts ließ sich erklären. Mein Leben war ein dumpfes Warten auf die Katastrophe. Mein Vater faltete die Zeitung zusammen und erhob sich. Er sagte, daß es Zeit sei zum Schlafengehen. Jeder von uns arbeitete sich langsam aus seinem Loch hervor. Wir nahmen Abschied von der Mutter. Sie umarmte uns, wie vor einer langen Reise, sie drückte uns an sich und küßte uns. Gepreßt und verlegen verabschiedete ich mich von meinem Vater. Manchmal reichte ich ihm die Hand, in einem Bedürfnis nach Versöhnung, und ich bekam nur seine kühlen, trockenen

Fingerspitzen zu fassen, die sich hastig zurückzogen. Ich schlich aus dem Zimmer und mein Bruder schloß sich mir an, der Hund folgte uns. Wir gingen hinaus in den kahlen Garten und gerieten in unsere Spiele, in denen die Verlorenheit und Haltlosigkeit unserer Existenz zum Ausdruck kam. Während wir über die lehmigen Äcker und Waldungen der Umgebung strichen verwandelten wir uns zu Forschungsreisenden in unbekannten Erdteilen. Wir stießen auf fremdartige Lebewesen und wurden in gefährliche Kämpfe verstrickt. Wir verfaßten Dokumente, die wir mit Rauch schwärzten und mit roter Farbe befleckten, und aus denen hervorging, daß der eine oder der andere von uns sich in Gefangenschaft befand und auf sein Todesurteil wartete. Mit Hilfe komplizierter Spionagenetze stöberten wir einander auf, befreiten einander aus den tiefsten Kerkern und aus den Händen grausamer Inquisitoren. Es war, als lebte in diesen Spielen mehr Wirklichkeit und Gegenwartsnähe als in meiner Arbeit oben im Dachzimmer. Diese Spiele waren wie Psychodramen, in denen wir uns mit der Emigration auseinandersetzten, in meiner Arbeit war alles nur ein Abgewandtsein und ein Verbergen.

PETER WEISS

Die schönste Zeit des Lebens

Ich war zwanzig. Niemand soll sagen, das sei die schönste Zeit des Lebens. Alles droht einen zu vernichten: die Liebe, die Ideen, der Verlust der Familie, der Eintritt in die Welt der Erwachsenen. Es ist schwer, seinen Part in der Welt zu lernen.

Wie sah unsere Welt damals aus? Wie das Chaos der Urschöpfung in der antiken Mythologie. Nur hatte man den Eindruck: das ist der Anfang vom Ende, vom wirklichen Ende, nicht von einem Ende, das der Beginn eines neuen Anfangs ist. An der Oberfläche konvulsivischer Veränderungen, deren Sinn eine winzige Zahl von Zeitgenossen herauszufinden versuchte, war nur ein Tohuwabohu zu erkennen, das unweigerlich zum Untergang des Bestehenden führen mußte. Alles erinnerte an die Auflösung am Ende einer tödlichen Krankheit: bevor der Tod eintritt, der alle Körper unkenntlich macht, löst sich der Zusammenhalt des Fleisches auf, alle Teile fließen auseinander. Das endet mit der Verwesung, die keine Auferstehung kennt. Ganz wenige sahen damals klar genug, um die Kräfte zu erkennen, die in dieser Fäulnis wirksam waren.

Niemand wußte, was zu tun war: Die Kultur war zu kompliziert, als daß man mit ihrer Hilfe mehr erkennen konnte als die Oberfläche. Sie erschöpfte sich in der Kasuistik einer vernünftig geordneten Welt, aber alle ihre Protagonisten konnten die Texte, die sie kommentierten, nicht einmal buchstabieren. Der Irrtum ist immer schwieriger als die Wahrheit.

Man mußte beim ABC anfangen, bei dem, was wirklich wichtig war. Aber anstatt erst einmal lesen zu lernen, dachte sich, wer vor Unruhe nicht schlafen konnte, Erklärungen aus, die alle auf einem Vergleich mit Epochen des Niedergangs beruhten: der Barbareneinfall, der Triumph der Maschinen, die Gesichte auf Patmos, die Hoffnung auf Genf und auf Gott. Wie weise doch alle waren!

Aber diese Weisen waren so kurzsichtig, daß sie über ihre Brillengläser hinweg nichts anderes als Zusammenbruch sahen. Und die Jugend vertraute ihnen.

Sie fällten unwiderrufliche Urteile: »Ihr werdet alle untergehen.« Meine Generation kam nicht zu Atem, man hielt ihr den Kopf unter Wasser, sie japste nach Luft. Wo würde sie ihre ertrunkenen Familien wiederfinden?

Da ich zu den Intellektuellen gezählt wurde, hatte ich immer nur mittellose Fachidioten getroffen: Ingenieure, Rechtsanwälte, Archivare, Lehrer, Professoren. Was für eine Armseligkeit!

Zufälle und weise Ratschläge hatten mich an die École Normale verschlagen und zu jenen offiziellen Exerzitien, die man Philosophie nennt. Beide, die École Normale und die Philosophie, flößten mir bald äußersten Widerwillen ein. Auf die Frage, warum ich blieb, würde ich antworten: aus Trägheit, Unsicherheit, Unkenntnis anderer Berufe, und weil der Staat mich ernährte, mich beherbergte, mir gratis Bücher lieh und mir monatlich 100 Francs gab.

Die École Normale ist eine Einrichtung, um die uns die anderen Völker beneiden: sie ist einer der Köpfe

Frankreichs, das so viele Köpfe hat wie eine Hydra. Hier wird ein Teil der stolzen Truppe von Magiern erzogen, die von denen, die ihre Ausbildung zahlen, Elite genannt werden; diese Elite hat die Aufgabe, das Volk auf dem Wege des Anstands und des Respekts zu halten, den Tugenden des Guten. Hier herrscht der Korpsgeist von Seminaren und Regimentern, denn es ist ja nicht schwierig, junge Menschen dazu zu bringen, aus ihrer privaten Schwäche ein kollektives Überlegenheitsgefühl herzuleiten, und sie davon zu überzeugen, daß die École Normale ein reales Wesen ist, das eine Seele – eine schöne Seele –, eine Persönlichkeit hat, die liebenswerter ist als die Wahrheit, die Gerechtigkeit und die Menschen. An diesem von gänzlich durchschneidenden Wesenheiten bewohnten Ort ist, wie im *Jardin de la Rose* Heuchelei Trumpf. Die meisten *Normaliens* sehen sich denn auch als Elite: als christliche Elite – viele von ihnen gehen gern zur Messe; als akademische Elite – manche von ihnen planen die Etappen ihrer Karriere wie eine große Reise und bereiten mit zwanzig Jahren ihre Vermählung mit der Tochter eines berühmten Professors vor, das Mitteilungsblatt der École Normale veröffentlicht stolz lächerliche Ahnentafeln; als politische Elite – manche schwimmen mit der Gewandtheit von Fischen in den schmutzigen Gewässern der sozialdemokratischen Sektionen und radikalsozialistischen Vereine. Aber auf jeden Fall gehören sie zur geistigen Elite. Mit diesen ehrgeizigen Gedanken erschöpfen sich die meisten ihrer Überlegungen über den Wert des Menschen. [...]

Man stelle sich vor: mit zwanzig Jahren wurden wir in

eine völlig erstarrte, mit einigen Annehmlichkeiten ausgestattete Welt gestoßen: Griechisch, Logik, ein reiches Vokabular, das nicht einmal die Illusion erweckt, man könne mit seiner Hilfe klarsehen. Wir sind verloren im Maschinenraum unserer Väter, in dem an allen schlecht erleuchteten Ecken blutige Zusammenstöße vertuscht werden: Kolonialkriege, Terror der Weißen auf dem Balkan, amerikanische Morde, zu denen alle Franzosen begeistert Beifall klatschten. Die bodenlose Scheinheiligkeit der Männer an der Macht kann das vorhandene Unglück, das wir nicht begreifen, nicht verbergen. Wir wissen nur, daß es da ist, daß irgendwo Unglück geschieht. Man sage nicht, das sei zu unserem Besten geschehen! Man gebe sich nicht damit zufrieden, alles aufs Schicksal zu schieben und sich immer und ewig die Hände in Unschuld zu waschen! [...]

Ein Mensch zu sein, scheint uns die einzig legitime Aufgabe. Wir sind verzweifelt, als wir entdecken, wie viele schöne Pflichten, an die zu glauben man uns zehn Jahre früher hätte lehren sollen, die Liebe zum Leben ausschließen. Dieses Leben sollen wir lieben? Umgebt euch mit Provinzfamilien, Prospekten, Examen, wohlerzogenen höheren Töchtern, rohen Gesichtern von Ausbildungsoffizieren, Nutten, die sich auf Tische aus falschem Marmor lehnen, schwarzen Avenuen, Nachhilfestunden zu 30 Franc und der Kantschen Tafel der Urteilsformen – und ihr seid Menschen. Damit sollt ihr eure Jugend ausfüllen!

PAUL NIZAN

In meiner Stadt war ich allein. Ich war jung, aber ich war mir meiner Jugend nicht bewußt. Ich spielte sie nicht aus. Sie hatte keinen Wert. Es fragte auch niemand danach. Die Zeit stand still. Es war eher ein Leiden. Doch gab es keinen, der mir glich.

Ich trieb mich herum. Ich war unterwegs. Ich war auf den Straßen und Plätzen. Ich fiel überall auf. Ich hatte kein Ziel. Ich stellte mich mitten auf den Markt. Ich war unnütz; das gefiel mir. Ich genoß es, auf dem Markt zu stehen. Einfach nur so. Ich hatte nichts anzubieten. Nicht einmal mich selbst. Ich kaufte nichts. Ich wollte nicht teilhaben. Ich verachtete sie. Ich kannte die Kurse nicht. Ich fragte nicht nach dem Preis.

Ich ging absichtlich gebeugt. Ich wünschte mir einen Buckel. Ich wollte ausgestoßen sein.

WOLFGANG KOEPPEN

VII
ERINNERUNG

Je mehr man gelebt hat, desto sanfter lebt man.
Wer heftig in der Jugend gelebt hat,
der mag sich später nur noch selten,
am liebsten nie mehr wieder heftig gebärden.

Robert Walser

Die schönen Tage in Aranjuez sind nun zu Ende.

Friedrich Schiller

Resignation

Eine Phantasie

Auch ich war in Arkadien geboren,
Auch mir hat die Natur
An meiner Wiege Freude zugeschworen,
Auch ich war in Arkadien geboren,
Doch Tränen gab der kurze Lenz mir nur.

Des Lebens Mai blüht einmal und nicht wieder,
Mir hat er abgeblüht.
Der stille Gott – o weinet meine Brüder –
Der stille Gott taucht meine Fackel nieder,
Und die Erscheinung flieht.

Da steh ich schon auf deiner Schauerbrücke,
Ehrwürdge Geistermutter – Ewigkeit.
Empfange meinen Vollmachtbrief zum Glücke,
Ich bring ihn unerbrochen dir zurücke,
Mein Lauf ist aus. Ich weiß von keiner Seligkeit.

Vor deinem Thron erheb ich meine Klage,
Verhüllte Richterin.
Auf jenem Stern ging eine frohe Sage,
Du thronest hier mit des Gerichtes Waage
Und nennest dich Vergelterin.

Hier – spricht man – warten Schrecken auf den Bösen
Und Freuden auf den Redlichen.
Des Herzens Krümmen werdest du entblößen,
Der Vorsicht Rätsel werdest du mir lösen
Und Rechnung halten mit dem Leidenden.

Hier öffne sich die Heimat dem Verbannten,
Hier endige des Dulders Dornenbahn.
Ein Götterkind, das sie mir *Wahrheit* nannten,
Die meisten flohen, wenige nur kannten,
Hielt meines Lebens raschen Zügel an.

›Ich zahle dir in einem andern Leben,
Gib deine Jugend mir,
Nichts kann ich dir als diese Weisung geben.‹
Ich nahm die Weisung auf das andre Leben,
Und meiner Jugend Freuden gab ich ihr.

›Gib mir das Weib, so teuer deinem Herzen,
Gib deine Laura mir.
Jenseits der Gräber wuchern deine Schmerzen.‹ –
Ich riß sie blutend aus dem wunden Herzen
Und weinte laut und gab sie ihr.

›Du siehst die Zeit nach jenen Ufern fliegen,
Die blühende Natur
Bleibt hinter ihr – ein welker Leichnam – liegen.
Wenn Erd und Himmel trümmernd auseinanderfliegen,
Daran erkenne den erfüllten Schwur.‹

»Die Schuldverschreibung lautet an die Toten«,
Hohnlächelte die Welt,
»Die Lügnerin, gedungen von Despoten,
Hat für die Wahrheit Schatten dir geboten,
Du bist nicht mehr, wenn dieser Schein verfällt.«

Frech witzelte das Schlangenheer der Spötter:
»Vor einem Wahn, den nur Verjährung weiht,
Erzitterst du? Was sollen deine Götter,
Des kranken Weltplans schlau erdachte Retter,
Die Menschenwitz des Menschen Notdurft leiht?

Ein Gaukelspiel, ohnmächtigen Gewürmen
Von mächtigem gegönnt,
Schreckfeuer angesteckt auf hohen Türmen,
Die Phantasie des Träumers zu bestürmen,
Wo des Gesetzes Fackel dunkel brennt.

Was heißt die Zukunft, die uns Gräber decken?
Die Ewigkeit, mit der du eitel prangst?
Ehrwürdig nur, weil schlaue Hüllen sie verstecken,
Der Riesenschatten unsrer eignen Schrecken
Im hohlen Spiegel der Gewissensangst;

Ein Lügenbild lebendiger Gestalten,
Die Mumie der Zeit,
Vom Balsamgeist der Hoffnung in den kalten
Behausungen des Grabes hingehalten,
Das nennt dein Fieberwahn – Unsterblichkeit?

Für Hoffnungen – Verwesung straft sie Lügen –
Gabst du *gewisse* Güter hin?
Sechstausend Jahre hat der Tod geschwiegen,
Kam je ein Leichnam aus der Gruft gestiegen,
Der Meldung tat von der Vergelterin?‹

Ich sah die Zeit nach deinen Ufern fliegen,
Die blühende Natur
Blieb hinter ihr, ein welker Leichnam, liegen.
Kein Toter kaum aus seiner Gruft gestiegen,
Und fest vertraut ich auf den Götterschwur.

All meine Freuden hab ich dir geschlachtet,
Jetzt werf ich mich vor deinen Richterthron.
Der Menge Spott hab ich beherzt verachtet,
Nur *deine* Güte hab ich groß geachtet,
Vergelterin, ich fordre meinen Lohn.

›Mit gleicher Liebe lieb ich meine Kinder!‹
Rief unsichtbar ein Genius.
›Zwei Blumen‹, rief er, › – hört es, Menschenkinder –
Zwei Blumen blühen für den weisen Finder,
Sie heißen *Hoffnung* und *Genuß*.

Wer dieser Blumen *Eine* brach, begehre
Die andre Schwester nicht.
Genieße, wer nicht glauben kann. Die Lehre
Ist ewig wie die Welt. Wer glauben kann, entbehre.
Die Weltgeschichte ist das Weltgericht.

Du hast *gehofft*, dein Lohn ist abgetragen,
Dein *Glaube* war dein zugewognes Glück.
Du konntest deine Weisen fragen,
Was man von der Minute ausgeschlagen,
Gibt keine Ewigkeit zurück.‹

FRIEDRICH SCHILLER

Sokrates und Alcibiades

›Warum huldigest du, heiliger Sokrates,
Diesem Jünglinge stets? kennest du Größers nicht?
Warum siehet mit Liebe,
Wie auf Götter, dein Aug auf ihn?‹

Wer das Tiefste gedacht, liebt das Lebendigste,
Hohe Jugend versteht, wer in die Welt geblickt,
Und es neigen die Weisen
Oft am Ende zu Schönem sich.

FRIEDRICH HÖLDERLIN

Schon mit den ersten Worten, die er an sie richtete, wollte er sie darauf aufmerksam machen, daß er nicht die Absicht habe, das Risiko einer ernstlichen Liebesbeziehung einzugehen. Er sagte ihr also ungefähr folgendes: »Ich liebe dich sehr und ich möchte, daß wir in deinem Interesse beide sehr vorsichtig sind.« Das klang so vernünftig, daß es schwer war zu glauben, es sei aus Nächstenliebe gesagt worden. Etwas aufrichtiger hätte es lauten müssen: »Du gefällst mir sehr, aber mehr als ein Spielzeug wirst du in meinem Leben nicht sein können. Ich habe andere Verpflichtungen: meine Karriere, meine Familie.«

Seine Familie? Eine einzige Schwester, die weder physisch noch moralisch störte. Sie war klein, blaß, um ein paar Jahre jünger als er, wirkte aber ihrem Wesen nach älter. Vielleicht war es auch ihr Los, als die Ältere zu erscheinen. Von den beiden war er der Egoist, der Junge. Sie lebte ganz für ihn, selbstvergessen wie eine Mutter. Das hinderte ihn nicht, wenn er von ihr sprach, zu erklären, er sei durch die schwere Verantwortung für ein zweites Menschenschicksal belastet und gebunden. Da er eine so große Bürde auf seinen Schultern zu tragen meinte, steuerte er nur mit größter Vorsicht durch das Leben. Er wich allen Gefahren aus, aber auch allen Genüssen – dem Glück. Jetzt, da er fünfunddreißig Jahre alt war, entdeckte er plötzlich in sich eine unbefriedigte Sehnsucht nach Freude und Liebe und empfand auch schon die Bitterkeit, sie nicht genossen zu haben. Gleichzeitig nistete in seinem Hirn eine große Angst vor sich selbst. Er fürchtete seine Charakterschwäche. Die konnte er freilich nur vermuten, denn Erfahrungen darüber hatte er noch nicht gesammelt.

Etwas komplizierter war es um die Karriere Emilio Brentanis bestellt. Sie setzte sich nämlich aus zwei Beschäftigungen mit grundverschiedenen Zielen zusammen. Als unbedeutender Beamter einer Versicherungsgesellschaft verdiente er gerade soviel, wie die kleine Familie zum Leben benötigte. Die zweite Beschäftigung galt der Literatur. Außer einem gewissen Ansehen, das mehr seine Eitelkeit als seinen Ehrgeiz befriedigte, trug sie ihm nichts ein; allerdings strengte sie ihn noch weniger an. Vor vielen Jahren hatte er einen Roman veröffentlicht, der von den Kritikern der Stadt sehr gelobt worden war. Seither hatte er nichts mehr geschrieben. Aus Faulheit, nicht aus Zweifel an sich selbst. Der auf schlechtem Papier gedruckte Roman war längst im Lager des Buchhändlers vergilbt. Aber während Emilio zur Zeit, da das Buch erschien, bloß als eine große Hoffnung für die Zukunft bezeichnet worden war, genoß er jetzt eine gewisse literarische Autorität, die in der bescheidenen künstlerischen Bilanz der Stadt zählte. Das seinerzeitige Urteil war niemals berichtigt worden – es hatte sich sozusagen von selbst weiterentwickelt.

Er war sich der Bedeutungslosigkeit seines Werkes vollkommen bewußt, daher rühmte er sich auch niemals seiner Vergangenheit. Er glaubte vielmehr, daß er sich noch in einem Vorbereitungsstadium befinde, sowohl im Leben wie in der Kunst. Insgeheim verglich er sich mit einer mächtigen, genial ersonnenen Maschine, die noch im Bau ist und noch nicht in Funktion gesetzt wurde. Er lebte ständig in einer ungeduldigen Erwartung von etwas, das seinem Hirn entspringen würde: die Kunst; von etwas, das ihm von außen zufliegen würde: das Glück, der Erfolg. Kurz, er tat so, als wäre für ihn die Zeit der erwachenden Energien nicht schon vorüber gewesen.

Angiolina, blond, mit großen blauen Augen, hoch und kräftig gewachsen, dabei schlank und biegsam, schritt neben ihm her. In ihrem Gesicht strahlten die Farben des Lebens. Ein gesundes Rosa war über den bernsteinfarbenen Unterton ihrer Wangen gebreitet. Sie hielt den Kopf wie unter der Last ihres reichen Goldhaars seitlich geneigt, den Blick gesenkt. Bei jedem Schritt stieß sie mit ihrem eleganten Sonnenschirm gegen die Erde, als könnte sie sich da unten Rat holen, eine Erklärung verschaffen für die Worte, die sie soeben vernommen hatte. Als sie meinte, verstanden zu haben, sah sie ihn scheu von der Seite an und sagte: »Merkwürdig. Bis jetzt hat noch niemand so zu mir gesprochen.« –

ITALO SVEVO

So gib mir auch die Zeiten wieder,
Da ich noch selbst im Werden war,
Da sich ein Quell gedrängter Lieder
Ununterbrochen neu gebar,
Da Nebel mir die Welt verhüllten,
Die Knospe Wunder noch versprach,
Da ich die tausend Blumen brach,
Die alle Täler reichlich füllten!
Ich hatte nichts und doch genug:
Den Drang nach Wahrheit und die Lust am Trug.
Gib ungebändigt jene Triebe,
Das tiefe, schmerzenvolle Glück,
Des Hasses Kraft, die Macht der Liebe,
Gib meine Jugend mir zurück!

JOHANN WOLFGANG GOETHE

Komm mit mir nach Georgia

Sieh deine Ansichten und sieh: sie sind alt
Erinnere dich, wie gut sie einst waren!
Jetzt betrachte sie nicht mit deinem Herzen, sondern kalt
Und sage: sie sind alt.
Komm mit mir nach Georgia
Dort, wirst du sehn, gibt es neue Ideen
Und wenn die Ideen wieder alt aussehn
Dann bleiben wir nicht mehr da.

BERTOLT BRECHT

Autoren- und Quellenverzeichnis

ARISTOTELES (384 v. Chr.-322 v. Chr.)
Lebensalter sind: Jugend, Mannesalter, Greisenalter. S. 29. Aus: Rhetorik. Paderborn 1959, S. 139. © Ferdinand Schöningh Paderborn

AURELIUS AUGUSTINUS (354-430)
In meinem sechzehnten Jahr. S. 114. Aus: Confessiones, München 1980, S. 73. © 1955 Kösel Verlag München

MARC AUREL (121-180)
Von meinem Großvater Verus. S. 49. Aus: Wege zu sich selbst, Insel Verlag Frankfurt/Main 1976, S. 33 © 1951 Artemis Verlag AG Zürich

SAMUEL BECKETT (geb. 1906)
Ja, ich liebte sie. S. 115. Aus: Erste Liebe, in: Sämtliche Werke, Band IV, Frankfurt am Main 1976, S. 35

WALTER BENJAMIN (1892-1940)
Der Mond. S. 12. Erwachen des Sexus. S. 102. Aus: Berliner Kindheit um Neunzehnhundert, Suhrkamp Verlag Frankfurt/Main 1977, S. 156; S. 44

THOMAS BERNHARD (geb. 1931)
Ich hatte das Gefühl. S. 69. Aus: Der Keller. Eine Entziehung, Salzburg 1975. © 1975 Residenz Verlag Salzburg
Dieses Gebäude. S. 92. Aus: Die Ursache. Eine Andeutung, Salzburg 1976. © 1976 Residenz Verlag Salzburg

BERTOLT BRECHT (1898-1956)
Bericht des Sohnes. S. 48. Aus: Gesammelte Gedichte, Frankfurt/Main 1976, S. 876. – Gegen Verführung. S. 46. Aus: Hauspostille, in: Gesammelte Gedichte, S. 260
Komm mit mir nach Georgia. S. 149. Aus: Gesammelte Werke, Band 4, Suhrkamp Verlag Frankfurt/Main 1967, S. 136

MATTHIAS CLAUDIUS (1740-1815)
An meinen Sohn Johannes. S. 55. Aus: Lieber Vater, Insel Verlag Frankfurt/Main 1976, S. 19. – Ich sah einst einen Knaben zart. S. 18. Aus: Der Wandsbecker Bote, Insel Verlag Frankfurt/Main 1975, S. 90

JOSEPH VON EICHENDORFF (1788-1857)
Das Rad an meines Vaters Mühle. S. 27. Aus: Aus dem Leben eines Taugenichts, Insel Verlag Frankfurt/Main 1976, S. 9. – Sehnsucht. S. 9. Aus: Gedichte, Insel Verlag Frankfurt/Main 1977, S. 12

Was ist denn eigentlich die Jugend? S. 5. Aus: Werke Band 1, Autobiographisches, Winkler Verlag München 1970

SIGMUND FREUD (1856-1939)
Unsere Erinnerungen. S. 10. Aus: Gesammelte Werke Band 2/III, Frankfurt/Main 1981, S. 545. © S. Fischer Verlag Frankfurt/Main

JOHANN WOLFGANG GOETHE (1749-1832)
Eine wunderbare Heiterkeit. S. 118. Aus: Die Leiden des jungen Werther, Insel Verlag Frankfurt/Main 1973, S. 12. – Ich wußte nicht, wo ich ging. S. 119. Aus: Hans Bender (Hg.), Deutsche Jugend, Insel Verlag Frankfurt/Main 1983, S. 5. – So gib mir auch die Zeiten wieder. S. 148. Aus: Faust, Insel Verlag Frankfurt/Main 1980. – Unsere Wünsche sind Vorgefühle. S. 10. Aus: Dichtung und Wahrheit, Insel Frankfurt 1975

HEINRICH HEINE (1797-1856)
Junge Leiden. S. 96. Mir träumte einst von wildem Liebesglühn. S. 95. Aus: Werke, Band 1, Gedichte, Insel Verlag Frankfurt/Main 1968, S. 31

ERNEST HEMINGWAY (1899-1961)
Es war ein alter Mann. S. 21. Aus: Der alte Mann und das Meer, in: Sämtliche Erzählungen, Reinbek b. Hamburg 1966. © 1966 Rowohlt Verlag Reinbek b. Hamburg

HERMANN HESSE (1877-1962)
Es ist immer schwer, geboren zu werden. S. 47. Aus: Demian, Werkausgabe Band 5, Suhrkamp Frankfurt 1970, S. 140. – Stufen. S. 11. Aus: Die Gedichte 1892-1962, Band 2, Suhrkamp Frankfurt 1977, S. 676

FRIEDRICH HÖLDERLIN (1770-1843)
Daß der Mensch in seiner Jugend. S. 25. Aus: Hyperion oder Der Eremit in Griechenland, Insel Frankfurt 1979, S. 16. – Sokrates und Alcibiades. S. 144. Aus: Werke und Briefe, Band 1, Insel Verlag Frankfurt 1969, S. 39. – Wenn nur die Schülerjahre erst vorüber wären. S. 28. Aus: Hyperion, S. 16

ERNST JANDL (geb. 1925)
Der Knabe und die Straßenbahn. S. 20. Aus: Gesammelte Werke, Bd. 1, Neuwied 1985, S. 12. © Luchterhand Verlag Neuwied 1985

JAMES JOYCE (1882-1941)
Der Haushalt kehrte zu seinem gewohnten Lebensstil zurück. S. 110. Aus: Ein Porträt des Künstlers als junger Mann, in: Frankfurter Ausgabe, Werke, Band 2, Frankfurt am Main 1972, S. 356. – Ein Irrtum. S. 78. Aus: Ein Porträt des Künstlers als junger Mann, S. 299

ERICH KÄSTNER (1899-1974)
Primaner in Uniform. S. 44. Aus: Gedichte, Suhrkamp Verlag Frankfurt/Main 1981, S. 12 © 1969 Atrium Verlag Zürich

FRANZ KAFKA (1883-1924)
Der Aufbruch. S. 120. Aus: Beschreibung eines Kampfes. Novellen, Skizzen, Aphorismen aus dem Nachlaß, Frankfurt/Main 1980, S. 86. © 1964 (1965) by Schocken Books, Inc., News York City, USA. – Liebster Vater. S. 52. Aus: Hochzeitsvorbereitungen auf dem Lande, Frankfurt/Main 1980. © 1953 by Schocken Books, Inc., New York, Europäische Lizenzausgabe im S. Fischer Verlag Frankfurt/Main

IMMANUEL KANT (1724-1804)
Eines der größesten Probleme der Erziehung. S. 73. Aus: Kant-Brevier. Insel Verlag Frankfurt/Main 1974, S. 207

GOTTFRIED KELLER (1819-1890)
Sali. S. 99. Aus: Romeo und Julia auf dem Dorfe. Insel Verlag Frankfurt/Main 1984, S. 47

WOLFGANG KOEPPEN (geb. 1906)
Der Rektor greift ein Bündel Papier. S. 91. In meiner Stadt war ich allein. S. 138. Aus: Jugend. Suhrkamp Frankfurt 1976, S. 72 und 127

ERNST WILHELM LOTZ (1890-1914)
Aufbruch der Jugend. S. 42. Aus: Wolken überflaggt. Gedichte, Leipzig (Kurt Wolff) 1917, S. 56

HEINRICH MARX (1782-1838)
An meinen Sohn Karl. S. 60. Aus: Geliebter Sohn. Elternbriefe an berühmte Deutsche, Ernst Rowohlt Verlag Berlin 1930, S. 174

MATTHÄUS 19, 16-22. S. 128. Aus: Die Bibel. Neues Testament

ROBERT MUSIL (1880-1942)
Törleß. S. 74. Aus: Die Verwirrung des Zöglings Törleß, Frankfurt/Main 1980. © 1930 Ernst Rowohlt Verlag KGaA Berlin

FRIEDRICH NIETZSCHE (1844-1900)
Man verdirbt einen Jüngling am sichersten. S. 63. Aus: Unzeitgemäße Betrachtungen, Insel Verlag Frankfurt/Main 1981

PAUL NIZAN (1905-1940)
Die schönste Zeit des Lebens. S. 134. Aus: Aden/Die Wachhunde, Reinbek bei Hamburg 1969, © Rowohlt Verlag Reinbek 1969

NOVALIS (1772-1801)
Die Eltern lagen schon und schliefen. S. 38. Aus: Heinrich von Ofterdingen, Insel Verlag Frankfurt/Main 1982, S. 13

BLAISE PASCAL (1623-1662)
Zwischen den Jüngern und den wahren Jüngern. S. 128. Aus: Über die Religion und einige andere Gegenstände (Pensées), übertragen von E. Wasmuth, Heidelberg 1963, (Brunschvicg 519) S. 233. © Lambert Schneider Verlag Heidelberg

PLATON (427-347 v. Chr.)
Wer den rechten Weg. S. 97. Aus: Das Trinkgelage oder über den Eros, Insel Verlag 1985, S. 51

ULRICH PLENZDORF (geb. 1934)
Natürlich Jeans. S. 64. Aus: Die neuen Leiden des jungen W., Suhrkamp Verlag Frankfurt/Main 1976, S. 26

RAYMOND RADIGUET (1903-1923)
Bis zu meinem zwölften Lebensjahr. S. 107. Aus: Den Teufel im Leib, Frankfurt/Main 1981, S. 8

RAINER MARIA RILKE (1875-1926)
Der Knabe. S. 19. Ich möchte einer werden so wie die. S. 7. Aus: Sämtliche Werke. Erster Band, Insel Verlag Frankfurt/Main 1955, S. 386

JEAN-JACQUES ROUSSEAU (1717-1778)
Die erste Empfindung. S. 70. Aus: Emile oder Von der Erziehung, München 1979, S. 269. © Winkler Verlag 1979

JEAN-PAUL SARTRE (1905-1980)
Als sie einmal vom Spaziergang zurückkamen. S. 62. Aus: Kindheit eines Chefs, Suhrkamp Verlag Frankfurt/Main 1974, S. 23. © Rowohlt Verlag Reinbek bei Hamburg 1950

FRIEDRICH SCHILLER (1759-1805)
Die schönen Tage in Aranjuez. S. 139. Aus: Don Carlos, in: Werke. Erster Band, Insel Verlag Frankfurt/Main 1982, S. 337. – Resignation. S. 140. Aus: Werke, Dritter Band, Insel Verlag Frankfurt/Main 1966, S. 59

ITALO SVEVO (1861-1928)
Schon mit den ersten Worten. S. 145. Aus: Ein Mann wird älter, Suhrkamp Verlag Frankfurt/Main 1971, S. 7. © 1950 Rowohlt Verlag Reinbek

LEO N. TOLSTOI (1828-1910)
Knabenalter. S. 15. Spiele. S. 104. Aus: Kindheit. Knabenalter. Jünglingsjahre, Insel Verlag Frankfurt/Main 1976, S. 205 und 37

MARK TWAIN (1835-1910)
Tom zögerte nun nicht länger. S. 121. Aus: Tom Sawyers Abenteuer, Insel Verlag Frankfurt/Main 1985, S. 110

ROBERT WALSER (1878-1956)
Es gibt Wünsche, die man nicht erfüllt wünscht. S. 95. Aus: Verstreute Prosa I, Werkausgabe, Band 8, Frankfurt/Main 1978. – Es gibt zweierlei Sorten Jugend. S. 47. Aus: Verstreute Prosa V, Werkausgabe, Band 12. – Die Eltern prägen den Kindern. S. 53. Aus: Geschwister Tanner, Werkausgabe, Band 4. – Die Jugend ist ein Freiherr. S. 25. Aus: Verstreute Prosa I, Werkausgabe, Band 8. – Die Schule ist das unentbehrliche Halsband. S. 69. Aus: Fritz Kochers Aufsätze, Werkausgabe, Band 1. – Eine schöne und heitere Jugend. S. 7. Aus: Verstreute Prosa I, Werkausgabe, Band 8. – Ein Knabe ist weniger feige als ein Mann. S. 119. Aus: Vom Glück des Unglücks und der Armut, Werkausgabe, Band 1. – Je mehr man gelebt hat. S. 139. Aus: Geschwister Tanner, Werkausgabe, Band 4

EVELYN WAUGH (1903-1966)
Sebastian kam herein. S. 32. Aus: Wiedersehen mit Brideshead. Die heiligen und profanen Erinnerungen des Hauptmanns Charles Ryder, Suhrkamp Verlag Frankfurt/Main 1975. © 1948 Claasen & Goverts Verlag Hamburg

PETER WEISS (1916-1984)
Indem ich meine Bilder vor Jacques aufsteigen ließ. S. 129. Aus Abschied von den Eltern. Suhrkamp Verlag Frankfurt/Main 1980

OSCAR WILDE (1854-1900)
Dorian Gray. S. 35. Aus: Das Bildnis des Dorian Gray, Insel Verlag Frankfurt/Main 1982, S. 30

Zu dieser Ausgabe

Jugend ist eine eigene Weise, die Welt zu erfahren. Aus kindlichen Ahnungen entsteht die erste Erkenntnis des eigenen Ichs, das erste Wissen von der Welt und den anderen. Wer jung ist, hat noch keine Erfahrung, sondern macht sie. Er weiß um die Welt, sieht sie als Zauber, aber kennt sie noch nicht. Das Bewußtsein der eigenen Kraft ist grenzenlos, und zugleich schnürt die Angst vor der offenliegenden Zukunft den Hals zu. Der selbstbewußte Protest gegen die Welt der Eltern ist begleitet von der abenteuerlichen Entdeckung des anderen Du im Eros. Zukunft ergibt sich nur aus dem Abschied, nur der Aufbruch führt in die Welt. Bildung heißt der Prozeß, das eigene Ich zu finden, Schule der ambivalente Leitfaden dieses Prozesses.
Das Hell-Dunkel, das dieser Lebensphase eigen ist, ihre Spannungen und Widersprüchlichkeiten haben die Jugend zu einem der großen Themen der Literatur gemacht: Generationenkonflikt, Geschlechterbegegnung, Bildungsprozeß, Kulturrevolution – so etwa lauten die Stichworte, unter denen das Thema erscheint. Charakteristisch ist die Unterschiedlichkeit, in der Jugend in den verschiedenen Epochen erlebt und beschrieben wird, charakteristisch sind die Standpunkte der Betrachter, charakteristisch ist aber auch die erstaunliche Wiederkehr von Grundstrukturen, die es der Gegenwart erlaubt, sich in den Texten längst vergangener Generationen zu entdecken.
Wie kaum ein anderer hat Robert Walser aus seiner Jugend gelebt; er hat den sieben Kapiteln dieses Bändchens eines der beiden Motti gegeben – einmal dunkel, einmal hell.

Gottfried Honnefelder

Inhalt

I. Ahnung

II. Zauber

III. Bildung

IV. Schule

V. Eros

VI. Aufbruch und Trennung

VII. Erinnerung